L A
POLITIQUE
NATURELLE.

TOME PREMIER.

LA

POLITIQUE
NATURELLE,

OU

DISCOURS

SUR LES

VRAIS PRINCIPES

DU

GOUVERNEMENT.

Par un ancien Magistrat.

Vis confili expers mole ruit fuâ.
Horat. Ode IV. Lib. III. vers 65.

TOME PREMIER.

LONDRES.

MDCCLXXIII.

PRÉFACE.

L A Politique, ou l'art de gouverner les hommes ne peut être une science obscure, problématique, douteuse, que pour ceux qui ne se sont pas donné la peine de méditer suffisamment la nature humaine & le but de la Société. Les vrais principes du Gouvernement seront clairs, évidents, démontrés pour tous ceux qui auront réfléchi sur ces objets importans ; ils trouveront que la saine politique n'a rien de surnaturel & de mystérieux ; & qu'en remontant à la nature de l'homme, on peut en déduire un Systême Politique, un ensemble de vérités intimement liées, un enchaînement de principes aussi sûrs, que dans aucune des autres connoissances humaines. Cette Politique, trop souvent méconnue par ceux qui la professent, n'a paru si peu évidente que parce que les notions fausses qu'on s'en est faites, ont empêché de la considérer sous son vrai point de vue. On la trouvera très-simple quand on osera la voir sans préjugé. Les passions, les intérêts imaginaires des Princes, les idées métaphysiques de la Théologie, les menées ténébreuses des cours, ont sur-tout contribué à faire de la science du Gouvernement un cahos impénétrable pour les esprits, les plus

exercés , les ténebres difparoîtront , dès que
nous écarterons les voiles de la prévention.

ON fe perfuade communément que la réforme
des abus du Gouvernement eft une chofe impoffible. La pareffe des efprits s'accommode
très-bien de cette maxime , & la trouve indubitable : conféquemment fort peu de Citoyens ,
& encore moins de Souverains daignent s'occuper des maux dont ils fouffrent également.
Que l'homme de bien ne fe livre pas à ces idées
décourageantes ; qu'il penfe aux malheurs de
fon pays , non pour les augmenter par des troubles , mais pour en chercher les caufes & pour
en indiquer les remedes raifonnables , c'eft-à-dire
compatibles avec le bien de la Société. Il faut
de la raifon , du fang-froid , des lumieres & du
tems pour réformer un Etat : la paffion , toujours
imprudente , détruit fans rien améliorer. Les
nations doivent fupporter avec longanimité les
peines qu'elles ne peuvent écarter fans fe rendre
plus miférables. Le perfectionnement de la Politique ne peut être que le fruit lent de l'expérience des fiecles , elle meurira peu-à-peu les inftitutions des hommes , les rendra plus fages , &
dès lors même plus heureux. Que le bon citoyen communique donc fes idées à fa patrie ;
qu'il la confole des maux préfents par l'efpoir

d'un avenir plus agréable ; qu'il lui fasse entre-
voir dans cet avenir, des Princes fatigués de leurs
triftes folies, & des Peuples laffés du joug de
l'efclavage : en un mot, qu'il efpere qu'un jour
les Souverains & les Sujets, ennuyés de fe laif-
fer guider au hazard, recourront à la réflexion,
à la raifon, à l'équité qui fuffifent pour mettre
fin aux calamités dont ils fouffrent également.

Nul Peuple ne peut être heureux, s'il n'eft
gouverné fuivant les Loix de la Nature, qui
conduifent toujours à la vertu :

Nul Souverain ne peut être grand, puiffant & fortuné, s'il ne regne avec juftice fur des
Peuples raifonnables. Tels font les vrais principes de l'harmonie fociale que le Gouvernement
eft fait pour établir. Malheur aux Peuples dont
les Chefs regarderoient ces maximes comme féditieufes, où comme une fatire maligne de leur
façon de gouverner ! Malheur à ces Chefs eux-
mêmes qui fermeroient alors les yeux fur leurs
plus grands intérêts !

TABLE

DES DISCOURS

CONTENUS DANS CET OUVRAGE.

TOME SECOND.

POLITIQUE

POLITIQUE NATURELLE.

Sommaire du Premier Discours.

DE LA
SOCIÉTÉ.

§. I. *De la Sociabilité.*

FAUTE d'envisager les choses sous leur vrai point de vue, au lieu d'éclaircir la Politique, bien des Penseurs n'ont fait que rendre obscurs ses principes les plus simples & les plus évidents : trompés par des notions abstraites & métaphysiques, ils n'ont pu nous rendre raison du sentiment que l'on a nommé *Sociabilité*, ou du penchant qui porte l'homme à vivre avec les êtres de son espece. La Sociabilité est dans l'homme un sentiment naturel, fortifié par l'habitude & cultivé par la raison. La Nature en faisant l'homme sensible, lui inspira l'amour du plaisir & la crainte de la douleur. La Société est l'ouvrage de la Nature, puisque c'est la Nature qui place l'homme dans la Société. L'amour de la Société ou la Sociabilité est un sentiment secondaire qui est le fruit de l'expérience ou de la raison. La raison n'est que la connoissance de ce qui nous est utile ou nuisible, fournie par l'expérience & la réfléxion.

A 2

L'HOMME vit en société, parce que la Nature l'y a fait naître ; il aime cette Société, parce qu'il trouve qu'il en a besoin : ainsi, lorsqu'on dit que la Sociabilité est un sentiment naturel à l'homme, on indique par là que l'homme, ayant le desir de se conserver & de se rendre heureux, en chérit les moyens ; que né avec la faculté de sentir, il préfere le bien au mal ; que susceptible d'expériences & de réflexions, il devient raisonnable, c'est-à-dire, capable de comparer les avantages que la vie sociale lui procure avec les désavantages qu'il éprouveroit, s'il étoit privé de la Société. D'après ces expériences, ces réflexions, cette comparaison, il préfere un état qui lui procure une existence agréable & conforme à son être, à la solitude qui lui déplait, qui l'inquiète, qui le laisseroit dépourvu de secours. En un mot, l'homme est sociable, parce qu'il aime le bien-être, & se plaît dans un état de sécurité. Ces sentimens sont naturels, c'est-à-dire, découlent de l'essence ou de la nature d'un être qui cherche à se conserver, qui s'aime lui-même, qui veut rendre son existence heureuse, & qui saisit avec ardeur les moyens d'y parvenir. Tout prouve à l'homme que la vie sociale lui est avantageuse ; l'habitude l'y attache, & il se trouve malheureux, dès qu'il est privé de l'assistance de ses semblables. Voilà le vrai principe de la Sociabilité.

§. II. *De l'Etat de Nature.*

LA plupart des Philosophes nous parlent d'un *état de Nature* qui n'eût jamais d'existence que dans l'imagination. On croit qu'il fut un tems où les hommes vêcurent épars, isolés, sans aucune communication avec les êtres de leur espece; en un mot, entiérement semblables à quelques bêtes féroces. Rien de plus chimérique & de plus opposé à la nature humaine, que cet état de Nature. L'homme, fruit d'une Société contractée entre un mâle & une femelle de son espece, fut toujours en Société; dès qu'il vit la lumiere il vêcut avec ses parens, avec ses freres & ses sœurs. Ses besoins, l'habitude & l'expérience lui rendirent cette Société de plus en plus nécessaire; il l'augmenta lui-même, lorsque sa nature eut fait éclore en lui le besoin de se multiplier.

Ce sentiment sera vrai, quelque système qu'on adopte sur la maniere dont l'homme s'est trouvé placé dans l'ordre des êtres. Si l'on suppose le genre humain né d'un seul homme, ce premier homme ne tarda pas à vivre en Société, d'abord avec sa femme, ensuite avec ses descendants. Supposera-t-on qu'un individu de la premiere famille a pu quitter la Société où il étoit né, pour s'enfoncer dans les déserts? Dira-t-on qu'après être parvenu à l'âge où ses forces lui permirent de travailler pour son compte, il voulut de gaîté de cœur se priver des avantages & des secours qu'il avoit éprouvés, dont il avoit senti l'utilité, qu'une habitude contractée dès l'enfance lui avoit rendus de plus en plus nécessaires? Lui fallut-il des lumieres extraordinaires pour s'appercevoir qu'ē seul il devenoit une proie facile pour des animaux plus forts que lui? Eût-il besoin d'une sagacité prodigieuse pour se convaincre, qu'à l'aide de ses parens & de ses freres, il chassoit, il pêchoit, il abbatoit des arbres, il remuoit des pierres, il construisoit des cabanes plus promptement

& avec bien moins de fatigue que lorſque, tout ſeul, il entreprenoit ces travaux? Si l'inconſtance de ſon caractere ; ſi quelque paſſion ou fantaiſie paſſagere euſſent par hazard déterminé un indivi-du à ſe ſéparer de ſa famille, la crainte, l'ennui, l'inquiétude, la foibleſſe, le deſir de ſe conſerver, le beſoin de ſe multiplier dûrent bientôt l'y rame-ner ; bientôt il dut ſentir tout ce qu'il avoit à perdre en s'éloignant des autres.

Rien n'eſt donc plus imaginaire que cet état de Nature que quelques Philoſophes oppoſent ſans ceſſe à l'état de Société dans lequel l'homme eſt né, auquel l'enfance la plus tendre l'accoutu-me, & que le deſir de ſe conſerver, doit toujours lui rendre utile & agréable. Nier cette vérité, ce ſeroit prétendre que l'homme peut fuir volontai-rement ſon bien-être & ſe complaire dans un état de miſere.

§. III. *Avantages de la Vie Sociale.*

Il eſt vrai qu'une premiere famille en s'au-gmentant a dû former peu-à-peu pluſieurs famil-les diſtinctes dont les individus, à force de s'éloi-gner de la tige commune, purent à la fin ſe mé-connoître ; mais elles n'en formerent pas moins des Sociétés particulieres dont les membres s'uni-rent pour ſatisfaire leurs beſoins mutuels. L'hom-me fut toujours néceſſaire à l'homme ; jamais il ne pût ignorer ou totalement oublier les avanta-ges qui réſultent de la réunion des forces ; tou-jours il reconnut que l'aſſociation étoit propre à lui procurer les biens, & à le mettre en état de réſiſter aux maux que la Nature lui fait alternativement éprouver. Ce feroit bien peu connoître la marche de l'efprit humain, fa volonté permanente d'améliorer fon fort, que de fuppofer qu'il ait pu de plein gré fe priver d'une façon d'être qui le rendoit heureux, pour embraffer une vie trifte, ifolée qui le rendoit & plus foible & plus malheureux. La crainte feule des objets nouveaux avec lefquels nos yeux ne font point familiarifés, nous force à chercher de l'appui dans nos femblables. La folitude, l'obfcurité, le bruit des vents, le vafte filence de la Nature nous allarment, nous inquietent & nous obligent à recourir à la Société. Elle eft un afyle contre nos ennuis, nos craintes, nos incertitudes, en un mot, contre nos maux réels ou imaginaires. L'homme, dès qu'il eft avec fon femblable, fe fent plus fort, fe croit plus en fûreté ; il juge, pour ainfi dire fon exiftence doublée.

D'un autre côté, l'homme a fans ceffe befoin de fentir ; plus il a de fenfations, & plus il fe trouve heureux. L'activité de fon efprit lui rend le mouvement néceffaire ; ce mouvement fe multiplie à mefure qu'il eft frappé par un plus grand nombre d'objets. Ainfi la Société multiplie en quelque maniere l'exiftence de l'homme à chaque inftant ; elle crée à tout moment pour lui des fenfations nouvelles qui l'empêchent de tomber dans la langueur ou dans l'ennui. Le Sauvage a bien moins de fenfations, que l'habitant des Sociétés policées. Plus une fociété eft nombreufe, plus les fenfations augmentent, plus les mouvemens fe diverfifient ; plus l'homme fait d'expériences, plus fa raifon fe développe ; plus il s'attache à fes femblables, & plus fon être lui devient cher.

§. IV. *L'intérêt ou le besoin rendent l'homme sociable.*

C'est donc pour leur intérêt que les hommes s'affocient. La Société n'a pour objet que de les faire jouir plus fûrement des avantages que la Nature ou leurs facultés, foit corporelles, foit mentales leur procurent ; il s'établit donc des rapports entre la Société & fes membres. De ces rapports néceffaires découlent des devoirs réciproques, c'eft-à-dire qui lient les hommes affociés. Si les parties doivent au tout, le tout doit à fes parties. Mais, dira-t-on, qu'eft-ce que la Société doit à chacun de fes membres ? Je réponds qu'elle lui doit le bien-être, ou de le maintenir dans la jouiffance des avantages qu'il a droit de prétendre, en tant qu'ils font compatibles avec l'affociation ; elle lui doit la fûreté fans laquelle ces biens deviendroient inutiles. Si l'homme n'avoit rien à gagner dans la Société, il s'en fépareroit ; s'il y avoit à perdre pour lui, il ne tarderoit point à la quitter, il la détefteroit. Seul, ou fi l'on veut, dans l'état de Nature, il jouiroit d'une indépendance totale, il profiteroit fans partage du fruit de fon travail ; mais, dès qu'il trouve de l'avantage dans l'affociation, il eft forcé de dépendre de ceux dont il connoît avoir befoin ; mais l'homme ne fe met pas dans la dépendance gratuitement ; il ne renonce à une portion de fon indépendance, que dans la vue d'un plus grand bien que ne lui procureroit l'exercice entier de fa liberté ; à portée de fatisfaire fes befoins, ce n'eft que par le motif d'un intérêt plus fort qu'il confent à fe rendre utile aux autres. La Société doit donc compenfer par les bienfaits les facrifices que chaque homme est obligé de lui faire ; sans cela elle les arrache par la force, ils ne sont libres & volontaires, que lorsqu'il en résulte un bien pour celui qui les fait. Des avantages plus réels, quoique souvent plus éloignés, dédommagent alors l'homme de quelques avantages immédiats, présents & passagers. L'homme isolé seroit totalement indépendant, mais son semblable le seroit aussi. L'homme isolé, lorsqu'il seroit le plus fort, pourroit s'emparer de ce que le travail a rendu propre à son semblable ; mais deux autres hommes, en réunissant leurs forces, pourroient également s'emparer de ce qui appartiendroit au premier. L'homme isolé peut subsister, mais il subsiste plus aisément, lorsqu'il est secondé. L'homme isolé peut être heureux, mais il l'est encore plus, lorsque d'autres cooperent à son bonheur. Ainsi l'association procure des avantages réels que l'homme seul seroit incapable d'obtenir. La Société lui donne des forces ; elle lui fournit des secours ; elle lui procure des plaisirs, enfin elle lui donne une sûreté qu'il n'auroit point sans elle.

Un homme qui seul seroit plus fort, plus heureux, plus industrieux que tous les autres, n'auroit aucun besoin de vivre en Société. C'est là, sans doute, la source de la conduite du plus grand nombre des Monarques & des Souverains qui, appuyés des forces d'une Société, oublient qu'ils en dépendent, séparent leurs intérêts des siens, & semblent vivre pour eux seuls au milieu des Peuples qu'ils gouvernent. Un être indépendant des autres, devient nécessairement indifférent ou méchant.

§. V. *La Société doit le bonheur à ses Membres.*

ON voit par ce qui vient d'être dit que la Société ne peut être avantageuse pour l'homme, qu'en le faisant jouir des biens que la Nature lui fait desirer. Plus la Société lui assurera ces biens, plus elle sera parfaite, plus elle lui sera chere, plus elle lui deviendra nécessaire. En aimant ses associés, ce n'est que lui-même qu'il aime ; en les secourant, c'est lui-même qu'il secourt ; en leur faisant des sacrifices, c'est à son propre bonheur qu'il sacrifie. En un mot, l'intérêt, où l'amour éclairé de soi est le fondement des vertus sociales ; c'est le véritable motif de tout ce que l'homme fait pour le service de ses semblables. La vertu n'est que l'utilité des hommes vivants en Société. Etre vertueux, c'est être sociable, c'est contribuer au bonheur de ceux avec lesquels notre destin nous lie, afin de les exciter à contribuer à notre propre félicité.

SI la Société ou ceux qui dirigent ses mouvemens, loin de procurer à ses membres la jouissance des avantages de leur nature, cherchent à les en priver ; s'ils les forcent à des sacrifices inutiles, douloureux & gratuits ; s'ils mettent des entraves à leur travail ou à leur industrie ; s'ils ne lui procurent ni bonheur ni sûreté ; dès lors l'homme ne trouve plus d'avantage dans l'association, il s'en sépare, autant qu'il est en lui, sa tendresse pour elle s'affoiblit ; il ne peut aimer la Société qu'autant qu'elle est l'instrument de son bonheur ; il finira par la détester, par la fuir, ou même par lui nuire, si elle le prive de tous les biens que sa nature lui fait desirer, ou si elle lui refuse les choses nécessaires à sa conservation.

C'e s t donc le vice de la Société qui rend ſes membres pervers. La Nature ne les a fait ni bons ni méchants, elle leur a ſimplement donné l'amour d'eux-mêmes, le deſir de ſe conſerver, la volonté d'être heureux. Ces ſentiments ſont légitimes & deviennent des vertus, lorſqu'ils ſe ſatisfont par des voies utiles aux autres : ce ſont des vices lorſqu'ils ne peuvent ſe ſatisfaire qu'aux dépens de la félicité d'autrui. La vertu eſt l'utilité, le vice eſt le dommage des êtres de l'eſpece humaine : l'un & l'autre ſont des effets de leurs volontés ou de leurs intérêts bien ou mal entendus. Lors qu'une Nation ou ceux qui la gouvernent ſont injuſtes ou rempliſſent négligemment leurs devoirs, ils relâchent ou briſent les liens de la Société ; alors l'homme s'en détache ; il en devient l'ennemi ; il cherche ſon bonheur par des moyens nuiſibles à ſes aſſociés ; de ce que la Société ne fait rien pour lui, le gêne, ou ne lui fait que du mal, il en conclut qu'il ne lui doit rien. Les nœuds de l'aſſociation s'affoibliſſent & ſe détruiſent, à meſure qu'un plus grand nombre des individus qui la compoſent, détachent leurs intérêts des ſiens. C'eſt alors que chacun devient criminel & vicieux ; ſes actions ne ſont plus dirigées que par un intérêt aveugle & perſonnel ; l'amour de ſoi n'eſt guidé que par une imagination déréglée, par la paſſion, par l'ivreſſe. Chacun viole impunément les loix, dès qu'il le peut impunément ; ou bien il emploie la ruſe pour les éluder ſourdement ; dans une Société mal gouvernée, preſque tous les membres deviennent les ennemis les uns des autres. Chacun ne vit que pour lui-même, & s'occupe fort peu de ſes aſſociés : chacun ne ſuit que ſes paſſions, ne ſonge qu'à ſon intérêt perſonnel qui n'a rien de commun avec l'intérêt général ; c'eſt alors que *l'homme devient un loup pour l'homme*, & que l'état de Société rend quelquefois plus malheureux que l'état du Sauvage qui s'enfonce dans les forêts.

Ces principes nous feront connoître les véritables fondements qu'il faut donner à l'amour pour la patrie & à toutes les vertus qui ſont les vrais ſoutiens des ſociétés politiques ; ils ſerviront à nous montrer les ſources de cette indifférence dangereuſe qui s'empare communément de la plûpart des individus dans les nations mal gouvernées ; ils nous feront ſentir l'influence néceſſaire du gouvernement ſur les mœurs.

§. VI. *Du Pacte Social.*

Si l'homme eſt lié à la ſociété, celle-ci, à ſon tour, prend des engagemens avec lui. Chaque individu contracte à-peu-près en ces termes avec elle : " Aidez-moi, lui dit-il, & je vous aide-
,, rai de mes forces ; prêtez-moi vos ſecours ;
,, & vous pourrez compter ſur les miens : tra-
,, vaillez à mon bonheur, ſi vous voulez que je
,, m'occupe du vôtre : prenez part à mes infor-
,, tunes, & je partagerai les vôtres. Procurez-
,, moi des avantages aſſez grands pour m'engager
,, à vous ſacrifier une partie de ceux que je poſ-
,, ſede ,,. La Société lui répond : " mets en
,, commun tes facultés ; alors nous te prêterons
,, nos ſecours ; nous multiplierons tes forces ;
,, nous travaillerons de concert à ta félicité ; nous
,, ſoulagerons tes peines ; nous aſſûrerons ton re-
,, pos, & nos efforts réunis repouſſeront de

„ toi les maux que tu redoutes, avec bien plus
„ d'énergie que tu ne ferois fans nous. Les for-
„ ces de tous te protégeront ; la prudence de
„ tous t'éclairera, les volontés de tous te gui-
„ deront. L'amour, l'eftime & les récompenfes
„ de tous payeront tes actions utiles, & feront
„ le falaire de tes travaux. En un mot, les biens
„ que tous te procureront, te dédommageront
„ amplement des facrifices que tu feras obligé de
„ leur faire „.

TELLES font les conditions du *Pacte Social*
qui lie l'homme à la Société & la Société à
l'homme. Il fe renouvelle à chaque inftant ; l'homme tient continuellement la balance pour pefer &
comparer les avantages & les défavantages qui
réfultent pour lui de la Société dans laquelle il
vit. Si les biens l'emportent fur les maux, l'homme raifonnable fera content de fon fort ; fi la Société lui affûre la poffeffion des avantages compatibles avec la nature de l'affociation, il jouit de
toute la félicité qu'il eft en droit d'en attendre.
Si, au contraire, les maux font pencher la balance, s'ils ne font compenfés que par de foibles
biens, la Société perd fes droits fur lui, il s'en
fépare, la folitude eft par inftinct le premier
reméde qui fe préfente à lui : il préfere de vivre
feul, lorfqu'il a vu la Société complice des
maux qu'il éprouve, ou lorfqu'il perd l'efpérance de l'y voir remédier ; le citoyen vertueux
quitte une patrie ingrate qu'il ne peut plus fervir,
qui fouffre qu'on l'opprime, qui méconnoit les
fervices qu'il lui rend. L'homme vicieux, quoiqu'il dans la Société, y exerce la même licence
que s'il étoit tout feul : au milieu de fes affociés,

il vit comme s'il n'en avoit pas ; il ſuit aveuglément ſes caprices, ſes fantaiſies , ſans égard pour
les autres, ſans en prévoir les conſéquences, ſans
en preſſentir la réaction ſur lui-même.

§. VII. *Des devoirs ; de l'Obligation : des Loix Naturelles.*

Si c'eſt le beſoin qui force les hommes à demeurer réunis , c'eſt le beſoin encore qui leur
fournit les moyens de maintenir leur aſſociation.
C'eſt donc le beſoin qui les oblige , ou qui leur
impoſe des devoirs. Les devoirs ne ſont que les
moyens néceſſaires pour parvenir à la fin qu'on
ſe propoſe. L'expérience , qui conſtitue la raiſon , nous découvre ces moyens, elle nous fait
ſentir leur néceſſité, elle nous en montre l'application ; ainſi c'eſt la raiſon qui donne à notre eſpece les loix que l'on appelle *Naturelles* , parce
qu'elles découlent de notre nature, de notre eſſence, de l'amour qui nous attache à notre exiſtence, du deſir de la conſerver, de l'attrait invincible que nous éprouvons pour l'utile & l'a-
gréable, & de notre averſion pour tout ce qui
nous eſt nuiſible & fâcheux.

Pour nous impoſer des devoirs, pour nous
preſcrire des loix qui nous obligent, il faut, ſans
doute, une autorité qui ait droit de nous commander. Refuſera-t-on ce droit à la néceſſité ?
Diſputera-t-on les titres de cette nature qui commande en ſouveraine à tout ce qui exiſte ? L'homme a des devoirs, parce qu'il eſt homme ; c'eſt-à-
dire parce qu'il eſt ſenſible ; parce qu'il aime le
bien & fuit le mal ; parce qu'il eſt forcé d'aimer

l'un & de haïr l'autre ; parce qu'il eſt obligé de prendre les moyens néceſſaires pour obtenir le plaiſir & pour éviter la douleur.

Les devoirs de l'homme ſont donc fondés ſur la nature de l'homme lui-même. Cette nature, en le rendant ſenſible, le rendit ſociable ; en le rendant ſuſceptible d'expérience & de raiſon, cette nature lui impoſa des devoirs envers les êtres de ſon eſpece. Cette même nature attacha des récompenſes à l'obſervation de ſes loix, & en punit ſévérement les infracteurs : le bonheur, l'abondance, la tranquillité de la ſociété & de chacun de ſes membres ſont le prix néceſſaire de la ſoumiſſion à ſes ordres : l'infortune, la diſcorde, le vice, le crime, la deſtruction ſont les châtiments terribles attachés au refus de s'y conformer.

§. VIII. *Ces Loix Naturelles ſont claires & ſenſibles.*

Que l'on ne diſe point que ces loix n'ont point été promulguées : elles ſont ſimples, elles ſont claires, elles ſont intelligibles pour tous les habitans de la terre. Tous ceux qui dans le ſilence des paſſions, rentreront en eux-mêmes pour voir ce qu'ils doivent à leurs ſemblables, y trouveront que tous les individus qui compoſent l'eſpece humaine ont reçu de leur nature les mêmes droits, les mêmes deſirs, les mêmes averſions, les mêmes beſoins. Ils ſeront forcés d'en conclure que ce qu'ils deſirent eux-mêmes, eſt la meſure de ce qu'ils doivent aux autres ; vérité qui eſt tracée en caracteres ineffaçables dans les cœurs de tous les mortels.

L'experience nous montre que la bienveillance, l'eſtime, la reconnoiſſance, la gloire ſuivent les hommes qui agiſſent conformément aux regles de leur nature; que la haine, le mépris, l'ignominie, la deſtruction s'accumulent ſur les têtes de ceux qui violent ces devoirs. D'après cette expérience, ſans ſortir d'eux - mêmes, ils ſont récompenſés ou punis: un ſentiment prompt les avertit qu'ils ont bien ou mal fait, qu'ils ont mérité l'affection ou la haine des êtres de leur eſpece: en conſéquence ils s'applaudiſſent ou ſe condamnent au tribunal de leur propre conſcience, qui n'eſt que la connoiſſance acquiſe par l'expérience des ſentimens favorables ou nuiſibles que notre conduite doit exciter dans ceux qui en éprouvent les effets. Lorſque l'homme eſt aſſûré qu'il a fait le bien, ſa conſcience ne lui offre que des ſentimens agréables, que l'on déſigne ſous les noms *d'eſtime de ſoi, de complaiſance, de contentement intérieur, de fierté*; au contraire, lorſqu'il a violé les devoirs d'un être ſociable, il éprouve les mouvements incommodes de la haine, du mépris de lui-même, de la honte, de l'inquiétude, de la crainte, des remords : ſon imagination allarmée, ſa mémoire importune lui retracent ſans ceſſe le tableau de ſes aſſociés indignés. Ces états ſi différens peuvent être regardés comme la ſanction des loix naturelles : ſur le champ l'homme eſt récompenſé du bien, ou puni du mal qu'il a fait.

§. IX *L'ignorance, ſource des vices & des maux de la Société.*

ON demandera peut-être pourquoi des loix que la nature rend néceſſaires, que la raiſon dévoile, que

que tous les hommes retrouvent dans le fond de leur propre cœur, font fi mal obfervées? Comment font-elles perpétuellement violées par des êtres que la néceffité y foumet, dont les intérêts, les defirs & les befoins font les mêmes, dont le bonheur eft attaché à ces Loix. Je réponds que l'ignorance & le menfonge font les vraies fources des maux dont nous voyons les Sociétés humaines affligées. Les hommes ne font méchants, que parce qu'ils ignorent leurs véritables intérêts : le véritable but de leurs affociations, les avantages réels qu'ils pourroient en retirer, les charmes attachés à la vertu, & même fouvent en quoi confifte cette vertu. Leur ignorance fe perpétue, ainfi que leur perverfité, parce qu'on les trompe & fur leur vrai bonheur & fur les moyens d'y parvenir. On les trompe fur leur propre nature que l'enthoufiafme & l'impofture confpirent à combattre, & dont la tyrannie voudroit étouffer la voix. On les trompe, en leur défendant de confulter ou de cultiver l'expérience & la raifon, auxquelles on fubftitue des phantômes, des fables, des rêveries & des myfteres. On les trompe, en détournant leurs regards d'eux-mêmes & de la Société, pour les porter fur des chimeres defquelles on fait dépendre leur félicité la plus grande. On les trompe, en ce que tout confpire à les abbreuver d'erreurs, d'opinions fauffes, de préjugés, de paffions qui fans ceffe les mettent aux prifes les uns avec les autres, & leur font croire que c'eft en commettant le mal, que l'on peut fe rendre heureux.

Ce n'eft point la Nature qui rend les hommes vains, méchants & corrompus, c'eft faute de connoître, & de méditer la nature d'un être sensible, raisonnable qui a besoin de vivre en Société, que le bonheur & la vertu sont si rares sur la terre. Par une suite fatale & nécessaire de l'ignorance où sont les hommes de ce qui constitue leurs véritables intérêts, ils se trompent sans cesse, & sur les objets de leurs passions diverses, & sur les routes qui pourroient les conduire à la félicité.

§. X. *Origine de l'inégalité entre les hommes.*

La Nature a mis entre les hommes la même diversité que nous voyons régner dans ses autres ouvrages. Ils different entre eux d'une façon très-marquée par les forces, soit du corps, soit de l'esprit, par les passions ou les idées qu'ils se font du bien-être, par les moyens, qu'ils prennent pour les satisfaire. Telle est la source de l'inégalité entre les hommes. Cette inégalité, loin de nuire, contribue à la vie & au maintien de la Société. Si tous les hommes étoient parfaitement semblables, c'est-à-dire égaux en forces ou en talens, si leurs organes ou leur façon de sentir étoient les mêmes, par une suite nécessaire, tous auroient les mêmes passions ; toujours d'accord dans les discours & dans la spéculation, (puisqu'ils sentiroient & verroient de la même maniere) ils feroient perpétuellement en discorde dans la pratique, ils ne s'occuperoient qu'à se détruire, parce que tous placeroient leur bonheur dans les mêmes choses ; la Société humaine, ainsi composée de concurrents, de rivaux, d'ennemis, si elle subsistoit quelque tems, ne tarderoit pas à se dissoudre.

Pour se convaincre de cette vérité, que l'on considere ce qui arrive lorsque plusieurs individus sont épris d'une forte passion pour une même femme ou pour tout autre objet ; d'accord sur cet objet, il naît entre eux une émulation très-forte, & ils vont jusqu'à s'entre-détruire dans la vue de le posséder. Lorsque deux Nations rivales se proposent le même objet, l'inimitié s'allume entre elles & la guerre décide leurs démêlés. L'inégalité & la diversité qui subsistent entre les hommes, font cause que, quoiqu'ils aient une ressemblance générale, ils ne font presque d'accord sur rien, & que chacun tend à sa maniere vers ce qu'il croit utile à son propre bonheur. De là naît cette activité avec laquelle chaque homme cherche à cacher son infériorité, & s'efforce d'atteindre les avantages qu'il croit voir dans les autres.

Cessons donc de supposer une prétendue égalité que l'on croit avoir originairement subsisté entre les hommes. Ils furent toujours inégaux. Ne déclamons point contre cette inégalité qui fut toujours nécessaire. Les forces du corps, l'agilité, l'organisation ont dû mettre une grande différence, une disproportion très-marquée entre les individus de la même espece, de la même Société, ou, si l'on veut, de la premiere famille. Cette disproportion ne fut pas moins frappante pour les facultés que l'on nomme *intellectuelles*, c'est-à-dire pour l'énergie des passions, pour le jugement, pour la sagacité, pour l'esprit. L'homme foible, soit de corps, soit d'esprit, fut toujours forcé de reconnoître la supériorité du plus fort, du plus industrieux, du plus spirituel : le plus laborieux dut cultiver un terrein plus étendu & le rendre plus fertile, que ne put faire celui qui avoit reçu de la nature un corps plus débile. Ainfi il y eut dès l'origine, inégalité dans les propriétés & dans les poffeffions.

§. XI. *Remede à cette Inégalité.*

MAIS s'il y eût des hommes plus forts que quelques autres, il n'y eut point d'hommes plus forts que tous les autres. L'homme le plus robuste, le plus hardi, le plus expérimenté, prit un afcendant néceffaire fur celui ou fur ceux qui étoient plus foibles, plus timides, plus ignorants que lui. Cet afcendant fut proportionné aux befoins que l'on eut de la force, du courage, des lumieres. Telle eft l'origine de tout *pouvoir*. Il eft fondé lui-même fur la faculté de faire du bien, de protéger, de guider, de procurer le bonheur : ainfi l'autorité fe fonde fur la nature des hommes, fur leur inégalité, fur leurs befoins, fur le defir qu'ils ont de les fatisfaire, enfin fur l'amour de leur être. L'homme plus adroit trouve pour fa confervation & pour fatisfaire fes befoins, des reffources qui manquent à l'homme plus fort, mais moins fpirituel que lui. Enfin l'homme d'un efprit éclairé fait compenfer par fon adreffe & fes reffources ce qui lui manque du côté de la vigueur du corps ; l'expérience, le génie, & plus fouvent la rufe, triomphent de la force même & l'obligent à céder.

L'APPLICATION de ces principes fuffit pour nous éclairer fur toutes les regles de notre conduite ; elle nous fera fentir ce que dans la pre-

miere de toutes les Sociétés, nous devons à ce
sexe enchanteur, à cette aimable moitié de l'espece humaine que la nature destine à faire le bonheur de l'homme. Si la femme est faite pour
plaire, l'homme est fait pour l'aimer : si la Nature lui refusa des forces, elle lui donna des charmes : si elle fut privée de vigueur, elle eût en
partage des attraits faits pour subjuguer la force ;
elle fut une source de délices & de voluptés qui
sont la récompense & le prix de la protection,
& de la tendresse que l'homme doit lui accorder.
L'union des deux sexes fait naître des enfans foibles & sans secours, qui après avoir éprouvé les
soins tendres de leurs parents, leur rendront dans
leur vieillesse le prix des soins accordés à leur enfance.

Tout est échange dans la Société ; l'inégalité
que la nature a mise entre les individus, loin
d'être la source de leurs maux, est la vraie base
de leur félicité. Par-là les hommes sont invités
& forcés à recourir les uns aux autres : à se prêter des secours mutuels. Chaque membre de la
Société se voit obligé de payer par les facultés
qu'il a reçues, celles dont les autres lui font part.
Ainsi l'inégalité de force ou de talents oblige les
hommes de mettre en commun, pour le bien de
tous, ce que la nature a donné à chacun en particulier. L'homme foible de corps, mais dont
l'esprit est vigoureux, guidera l'homme robuste
& lui fournira les moyens de faire de ses forces
un usage utile à son bonheur.

§. XII. *De l'assistance réciproque.*

ON voit donc que la premiere loi de toute Société est celle qui impose à ses membres le devoir de s'aider réciproquement : elle leur ordonne de jouir; elle leur prescrit d'être utiles aux autres; elle veut que leur bonheur particulier ne soit que le prix de celui qu'ils procurent à leurs associés. Elle prouve que des êtres inégaux, soit en force, soit en talents, ont les mêmes besoins; elle leur fait sentir qu'ils ont les mêmes prétentions à une existence agréable : en un mot, tout nous montre que le bien est l'objet de leurs desirs, & le mal celui de leur aversion. Telles sont les loix primitives faites pour toute Société. Le jugement, la réflexion, l'expérience, en un mot, la raison les appliquent & les étendent aux circonstances particulieres des différentes associations & des membres qui les composent.

QUELQUES soient les erreurs des hommes, la bizarrerie de leurs institutions, la dépravation de leurs mœurs, l'aveuglement de leurs préjugés; toujours la raison leur montrera qu'ils se doivent quelque chose; que les devoirs sont réciproques entre des êtres de la même nature, que l'intérêt ou le besoin ont rassemblés : chacun sentira donc non-seulement son cœur se révolter contre les hommes nuisibles, mais encore chacun se reprochera d'avoir contrarié lui-même le but de l'association. Tant que les hommes seront des êtres sensibles; tant qu'ils aimeront leur bien-être & craindront la douleur; l'affection, l'estime, la reconnoissance seront la récompense de la vertu.

LA haine, le mépris, l'infamie, les châtiments fuivront le crime ou le vice. Le puiffant fe verra donc obligé de protéger le foible ; le riche de fecourir le pauvre ; l'homme éclairé de guider le fimple ; l'homme raifonnable d'aider de fes lumieres celui qui eft égaré par fes paffions. De la jufte diftribution de ces fecours, réfultera le bonheur de la Société.

§. XIII. *Séparation des intérêts.*

Si les hommes mettoient fidélement en maffe les biens & les maux que la Nature leur difpenfe, fi chacun donnoit à fes pareils tous les fecours dont il eft capable ; fi jouiffant lui-même, il faifoit jouir les autres, ils feroient auffi heureux, auffi égaux qu'il leur eft permis de l'être. Mais par une pente naturelle, chaque homme eft bien plus occupé de fon propre bonheur, que de celui des autres ; toutes fes facultés tendent à fe rendre heureux lui-même ; l'amour de foi, l'intérêt, les paffions font les feuls mobiles de fes actions, fa propre utilité eft le centre unique de tous fes mouvemens. Telle eft la premiere impulfion que la nature nous donne ; mais cette nature l'a pareillement donnée à chacun des êtres de notre efpece ; c'eft par une fuite de cette impulfion que nous vivons en Société. Chacun de nous reconnoît qu'il a befoin d'affiftance pour parvenir au bien-être qu'il defire ; il cherche donc à faire en forte que d'autres concourent avec lui au but qu'il fe propofe. Lorfque la paffion le trouble, lorfque l'enthoufiafme l'enivre, lorfque l'imagination le féduit, il oublie que fes affociés ont les mêmes droits & les mêmes defirs que lui ; il oublie qu'au lieu de mériter leur bienveillance, il se rend digne de leur haine, lorsqu'il leur nuit. Aveugle dans ses projets, il emploie la force ou la ruse pour parvenir à ses fins particulieres. Il saisit avec ardeur & sans choix, les moyens de se procurer l'objet de ses vœux; phantôme que sa raison feroit souvent disparoître, s'il étoit dans une position assez tranquille pour qu'elle pût guider sa volonté : il ne voit plus que lui seul, & dans son égarement il ne suit que ses impulsions aveugles; peu lui importe alors si c'est aux dépens de ceux dont les secours lui sont nécessaires, dont l'affection lui est utile ; il est incapable de sentir que les effets de leur inimitié lui seront funestes à lui-même. L'homme vertueux & l'homme vicieux sont également guidés par l'amour d'eux-mêmes; l'un éclairé par la raison voit que pour être vraiment heureux, il doit travailler au bonheur des autres ou s'abstenir d'y mettre obstacle; le second incapable de raison, se flatte de pouvoir par ses propres forces & tout seul parvenir à son bien-être : dans son délire il espere jouir du bonheur au milieu de l'infortune des autres.

§. XIV. *Source du Mal Moral.*

C'est à ces dispositions de l'homme abandonné de la raison, que l'on doit attribuer les maux dont les sociétés humaines sont perpétuellement tourmentées. Telle est la vraie source du mal *moral* qui n'est que l'effort de quelques individus pour chercher leur bonheur par le malheur des autres. L'homme épris d'une passion est incapable de raisonner sa conduite ; il ne sent pas que c'est lui-même qu'il sert, lorsqu'il sert ses pareils ; il ne voit pas qu'il s'interdit à lui-même tout droit à leurs bienfaits, à leur tendreſſe, à leur ſecours lorſqu'il leur refuſe les ſiens ; ſon imagination ne lui montre que l'objet de ſes deſirs ; l'enthouſiaſme lui en fait des rappors infideles qu'il n'eſt plus en état d'apprécier. Il n'eſt plus pour lui d'expérience , de réflexion , de jugement ; tout devient impulſion aveugle ; par ce déſordre la Société eſt troublée dans ſa tendance ; ſa conſervation eſt menacée. Pour repouſſer les maux qu'elle ſouffre , elle ſe réunit contre ceux de ſes membres dont les paſſions lui ſont nuiſibles ; elle leur oppoſe une force capable de les contenir. Cette force c'eſt la *Loi*, ou l'expreſſion des volontés & des intérêts de tous, oppoſée aux volontés & aux intérêts des particuliers. La Loi eſt la raiſon de la Société qui s'éleve contre la déraiſon de quelques-uns de ſes membres, afin de les ramener au but de l'aſſociation.

LES volontés particulieres des individus ſont communément violentes , précipitées , déraiſonnables, parce qu'elles ont la paſſion pour mobile : la volonté générale eſt plus calme , parce que tous les individus, n'ayant point les mêmes paſſions, jugent ſainement de celles des autres. La paſſion de l'avare lui fait amaſſer des tréſors par toutes ſortes de voies ; il eſt condamné par le prodigue & le voluptueux, qu'il condamne à ſon tour. La paſſion de l'ambitieux le détermine à chercher le pouvoir aux dépens du ſang & du repos de la ſociété ; il eſt condamné par l'envieux dont la bile eſt irritée par les ſuccès des autres. Le vicieux condamne ſouvent les vices dont il eſt lui-même l'eſclave ; il en craint les effets, il en connoît les dangers. Chaque individu eſt ſouvent injuſte & mal faiſant, parce qu'il a des paſſions; mais il eſt ordinairement juſte, dès qu'il juge des paſſions des autres. Ainſi la loi de pluſieurs êtres injuſtes peut devenir juſte, quoiqu'elle ſoit le réſultat ou la ſentence d'êtres imparfaits & malfaiſans les uns contre les autres.

§. XV. *Des Loix.*

LES loix, dans leur ſignification la plus étendue, ſont les réſultats des rapports néceſſaires qui dérivent de la nature des choſes. Cette définition s'étend aux loix phyſiques & morales. Mais qu'eſt-ce qui peut nous apprendre les rapports néceſſaires de notre eſpece? Comment connoître les vrais devoirs qui lient les membres de la Société? Il n'y a, ſans doute, que l'expérience méditée, en un mot, la raiſon qui puiſſe nous en inſtruire. Si c'eſt elle qui nous ſuggere de nous aſſocier pour notre utilité, c'eſt encore elle qui nous apprend à découvrir les biens qu'il eſt de notre nature de deſirer. Jamais elle ne nous trompe, parce qu'elle eſt toujours exempte de paſſions.

TOUTES les loix découlent de la raiſon ou des réflexions que nous faiſons ſur notre propre Nature : ainſi toutes les loix que la raiſon nous ſuggere, peuvent être appellées des loix naturelles, parce qu'elles ſont fondées ſur notre Nature. Toutes ont pour objet notre bien-être ; toutes maintiennent une Société de laquelle dépend notre félicité particuliere ; toutes nous obligent, parce que ſans elles nous ne pouvons nous rendre heureux ; toutes ont la même ſource, en ce qu'elles partent du deſir du bonheur ; toutes ont le même but, c'eſt-à-dire, le bien-être.

L'on voit donc que toutes les loix font les mêmes quant au principe & au but ; elles ne varient que pour l'application ou dans les moyens divers de parvenir à la même fin ; c'eft delà que dérivent les différentes dénominations que l'on a données aux loix. Les loix dont la raifon nous montre la conformité immédiate avec la Nature de toute l'efpece humaine, & qui en découlent directement, ont été appellées *Loix Naturelles*. Elles nous apprennent qu'il y a tout à gagner pour nous à vivre en Société, à la maintenir, à faire jouir nos affociés des mêmes avantages que nous defirons pour nous-mêmes ; elles nous prouvent que tous les individus de la même efpece font enfans de la Nature comme nous; qu'ils ont les mêmes defirs, les mêmes befoins, les mêmes répugnances que nous ; que ce qui nous plaît, doit leur plaire, que ce qui nuit à notre bonheur, doit exciter leur averfion.

L'homme, dans quelque pofition qu'il fe trouve, eft, à parler exactement, toujours dans l'état de Nature. Cet état ne peut ceffer dans la Société. N'eft-ce pas un fentiment naturel développé par la raifon & fortifié par l'habitude qui rend l'homme fociable? Ne font-ce pas fes befoins naturels qui lui rendent la Société nécef-faire ? L'homme gouverné par un Roi eft autant dans l'état de Nature, que le fauvage qui erre dans les forêts. Quelque chofe qu'il faffe, quel-qu'inftitution qu'il adopte, quelque moyen qu'il imagine pour améliorer fon fort, il ne peut ja-mais fortir de fa nature ; il eft toujours fous fes loix; il eft toujours également forcé de les fui-vre; il tend inceffamment vers le but qu'elle lui propofe.

§. XVI. *Loix Civiles ou Positives.*

LORSQUE les Loix de la Nature sont appliquées aux intéréts, aux circonstances, aux besoins d'une Société particuliere, on leur donne le nom de *Loix Civiles*. Alors elles fixent les devoirs & les droits des membres de cette Société. Les Loix Civiles peuvent donc à certains égards être regardées comme des Loix Naturelles. Pour être justes & raisonnables, elles doivent être fondées sur la Nature des hommes, sur le desir du bonheur & sur leur répugnance pour ce qui leur est nuisible, quelque soit la forme qu'ils donnent à leur société. La seule différence vient de ce que les Loix qu'on appelle *Naturelles* par excellence, sont comme on a vu, immédiatement fondées sur notre Nature & nécessaire à toute l'espece; tandis que les Loix Civiles, que l'on appelle aussi *Loix positives*, sont l'ouvrage de la Société ou de ceux à qui elle confie le soin de régler les volontés de ses membres. Elles sont l'application des Loix de notre Nature à des circonstances momentanées.

LES Loix naturelles sont éternelles & invariables ou faites pour durer autant que la race humaine, mais leur application, faite par la Loi civile, doit varier avec les circonstances & les besoins de la Société. Les sociétés, ainsi que tous les corps de la Nature, sont sujettes à des vicissitudes, à des changemens, à des révolutions; elles se forment, s'accroissent & se dissolvent comme tous les êtres. Les mêmes Loix ne peuvent leur convenir dans ces différents états : utiles dans un temps, elles deviennent inutiles & nuisibles dans un autre. C'eſt alors à la raiſon publique qu'il appartient de les changer ou de les abroger pour le bien de la ſociété, qui doit être l'objet invariable de ces Loix.

§. XVII. *Les Loix doivent procurer l'utilité générale.*

QUELQUES ſoient ces Loix ; quelques ſoient les circonſtances qui les faſſent naître, il faut qu'elles aient l'utilité préſente pour baſe, & qu'elles rendent heureux le plus grand nombre des individus. Toutes les Loix qui n'ont point ces caraĉteres ſont déſavouées par la raiſon ; elles ne ſont point faites pour obliger des êtres raiſonnables ; elles ne peuvent conférer de droits ; elles ſont des effets de la tyrannie & d'une violence à laquelle la Société peut toujours s'oppoſer.

UNE Loi eſt injuſte, dès qu'elle n'a pour objet que l'utilité d'un ſeul ou d'un petit nombre, & dès qu'elle eſt nuiſible au reſte de la Société. Une Loi eſt injuſte, lorſqu'elle tend à relâcher ou a détruire les liens d'une ſociété qu'elle eſt faite pour maintenir. Une Loi eſt injuſte, dès qu'elle eſt en contradiĉtion avec les Loix de la Nature qui, étant eſſentielles & néceſſaires à l'homme, ne peuvent être ni affoiblies ni abrogées. Une Loi eſt injuſte, lorſqu'elle n'a pour fondement que la force, l'intérêt, le caprice de ceux qui l'impoſent contre le gré de la Société. Une Loi eſt injuſte, lorſqu'elle nuit à la Société, quand même elle s'y feroit ſoumiſe de plein gré, parce que la Société ne peut conſentir à ce qui contrarie ſa nature & ſon but. Une Loi eſt injuſte, lorſqu'elle trouble les citoyens dans leur propriété, dans l'ufage de leur liberté, en un mot, dans leur fûreté perfonnelle; objets pour lefquels ils fe font affociés & dont le maintien doit être le but de toute légiflation.

§. XVIII. *Droit des gens.*

Les Loix des Nations, qui conftituent ce qu'on appelle *le droit des gens*, ne font que les loix naturelles appliquées aux différentes fociétés dans lefquelles le genre humain s'eft partagé. En effet, dira-t-on que les Nations indépendantes les unes des autres n'ont aucuns liens communs qui les uniffent, aucuns befoins qui les rendent néceffaires les uns aux autres? Comme les Rois font fans juges; comme ils ne font foumis à aucun tribunal; comme c'eft ordinairement la force feule qui décide leurs démêlés, on a confondu le fait avec le droit; l'on a cru que des êtres, que rien ne pouvoit contraindre, devoient avoir un code à part & de pure convention. D'après ces faux principes, l'on eut toujours beaucoup de peine à fixer les regles qui devoient les guider dans leur conduite refpective. Néanmoins pour peu que l'on y faffe attention, l'on fentira combien les conféquences de ces principes doivent produire de maux. Les Nations doivent être regardées comme des individus qui fe maintiennent dans la grande Société du monde par les mêmes loix que les individus dans chaque fociété particuliere. Il eft vrai que les Loix Civiles ou Pofitives qui lient une fociété, ne s'étendent point à une autre. Il n'en eft pas de même des Loix générales faites pour lier toute l'efpece humaine; celles-ci ne connoiffent ni les bornes phyfiques, ni les bornes politiques que les conventions des hommes ont mifes aux différents Etats.

§. XIX. *Devoirs réciproques des Nations.*

Ainsi les Nations sont toujours soumises aux Loix Naturelles : il ne leur est pas plus permis de se nuire, de se détruire, de se priver des avantages dont elles jouissent, qu'il ne l'est à un membre d'une société particuliere de nuire à un autre Citoyen. Une Nation doit à une autre Nation, ce qu'un homme doit à un autre homme, elle lui doit la justice, la bonne foi, l'humanité, les secours, parce qu'elle desire ces choses pour elle-même. Une Nation doit respecter la liberté & la propriété d'une autre Nation. Enfin, de même que les individus renoncent à une portion de leur indépendance, en faveur des avantages qu'ils reçoivent de la Société, une Nation doit faire céder une partie de ses droits, au droit de toutes les autres Nations prises collectivement. Si une société peut tout faire pour se conserver ; une autre société doit jouir du même droit.

La *balance du pouvoir* entre les différentes puissances est la volonté générale qui les oblige à observer les loix de l'équité. Cette balance ou cette force est pour tous les Etats, ce que le gouvernement est pour un Etat particulier ; comme lui cette balance peut devenir infidelle. La force ne donne des droits, que lorsqu'elle est fondée sur la justice. La grande société a droit de maintenir chaque société particuliere dans la jouissance des avantages qui lui appartiennent. Si la justice est nécessaire à tous les habitans de ce monde, il existe une justice pour les Nations comme pour les individus, & c'est elle qui constitue leur Loi suprême.

Cette Loi n'eſt point toujours exprimée, mais la raiſon en fait ſentir la néceſſité à tous les Peuples. Chaque ſociété peut être injuſte en ſon particulier, mais toutes deſirent la juſtice & le maintien de l'ordre. Les forces réunies de toutes les ſocietés pourroient faire exécuter la Loi ou la volonté de toutes ; mais rien n'eſt plus difficile que la réunion de ces forces & de ces volontés que l'intérêt, la ſéduction ou la ruſe parviennent preſque toujours à diviſer.

§. XX. *Erreurs en Politique.*

C'eſt donc ſans fondement que l'on a diſtingué les devoirs des Peuples en corps, de ceux qui obligent les individus de l'eſpece humaine : l'état de violence, de diſcorde, & de guerre dans lequel la plupart des Sociétés ſont preſque continuellement les unes avec les autres, a, ſans doute, fait prendre le change ſur cette importante queſtion ; il a fait naître les maximes d'un commerce de violence & de perfidie que l'on a qualifié de *Politique*. L'on a cru que des êtres qu'aucun pouvoir ne pouvoit forcer de ſe ſoumettre à la raiſon, étoient des êtres différents de tous les autres. Comme on ne voyoit point de peines & de récompenſes qui puſſent arrêter les paſſions des Sociétés particulieres, ces puiſſants individus de la grande Société du monde, on s'eſt figuré qu'il n'y avoit pour elles que les loix qu'elles-mêmes conſentoient à s'impoſer. Mais un Peuple qui en attaque un autre, ſans avoir pour motif ſa propre ſûreté ; un Peuple qui n'a pour objet que d'en priver un autre des avantages que la Nature ou l'induſtrie lui procurent :

rent : un Peuple qui ne cherche qu'à satisfaire
son avarice, son ambition, en un mot, ses intérêts particuliers, differe-t-il en quelque chose
du voleur qui, dans une société particuliere, attaque son semblable, lui ravit son bien ? Un Peuple qui veut jouir, exclusivement à tous les autres,
des avantages nécessaires à tous, n'est-il pas un
Tyran ? Une Nation qui refuse à une autre ce
qui est d'une nécessité indispensable à sa conservation, ne mérite-t-elle pas qu'on le lui arrache
de vive force ? Ne ressemble-t-elle pas alors à
un homme farouche & inhumain qui refuseroit
à un de ses concitoyens les secours les plus nécessaires, sous prétexte qu'il ne lui doit rien ?
Une nation qui veut mettre les autres dans sa
dépendance, ne mérite-t-elle pas d'être réprimée
comme un Citoyen qui attenteroit à la liberté d'un
autre ? Un Souverain dont l'ambition a été souvent nuisible, ne mérite-t-il pas d'être affoibli,
abaissé, en un mot, d'être privé du pouvoir de
nuire ? Un Peuple qui détruit l'ordre ou l'équilibre que toutes les Nations desirent d'établir entre elles, comme le gage de leur sûreté, comme
le remede à l'inégalité que la nature a mise entre
leurs forces, ne doit-il pas être regardé comme
un furieux par les Peuples qui l'entourent ? Un
Souverain qui viole des engagemens solemnels
approuvés & garantis par les Etats intéressés à
la tranquillité publique, ne peut-il point être
puni de la même maniere que le Citoyen infidele,
parjure & turbulent dans la Société particuliere?
Dans toutes ces circonstances la nature autorise
le peuple attaqué, opprimé, ou rejetté, à prendre tous les moyens de se conserver, de se maintenir dans ses avantages, de se procurer ceux qui
lui sont nécessaires, de repousser l'oppresseur in

jufte, & de le faire rentrer dans fa nature d'être fociable, dont fon injuftice, fa fureur, fon avarice, fon infociabilité l'avoient tiré ? Bien plus , il peut le détruire, fi fans cela il lui eft impoffible de fe conferver lui-même : c'eft alors l'homme qui combat une bête féroce. Telles font les fondements du droit de la guerre.

§. XXI. *Sanction des Loix univerfelles.*

QUANT aux peines que les Loix de la Nature décernent contre les Sociétés que leurs paffions portent à des crimes, elles font auffi terribles qu'affurées : elles paient par l'épuifement de leurs forces, de leur fang, de leurs tréfors, leurs entreprifes infenfées ; fouvent leur propre deftruction fuit leurs exploits les plus éclatants. D'un autre côté l'abondance, la profpérité , la paix font les récompenfes des Sociétés heureufes qui vivent avec les autres dans la tranquillité & dans l'union qui conviennent à des êtres fociables. Gardons-nous donc de croire qu'il n'y ait point de regles communes pour les Nations; elles font fondées fur une nature qui commande en fouveraine à tous les hommes, ainfi qu'à toutes les Sociétés qu'ils ont formées ; elle attache des récompenfes à l'obfervation de ces regles, & des châtiments effrayants puniffent le mépris qu'on leur montre.

IL ne faut point confondre ces loix irrévocables avec les conventions réciproques faites entre les Nations, par lefquelles elles font convenues de mettre des bornes à leurs propres fureurs, même dans le tems où leurs paffions font dans la plus vive effervefcence. Ces conventions nous prouvent que les Sociétés les plus injuftes, au milieu même de leurs excès font forcées de reconnoître quelquefois l'empire de la Nature, de l'humanité, de la raifon.

En un mot, les loix naturelles en tout tems & en toutes circonftances font faites pour régler nos actions. Elles font notre force, notre guide ; notre foutien. Elles font notre fûreté, notre bonheur & nos plaifirs. Elles nous lient les mains pour nous empêcher de nuire à nous-mêmes & aux autres ; elles nous ordonnent de nous rendre utiles & agréables aux êtres avec qui nous vivons. Ceux qui méconnoiffent ces loix, en font punis par la haine, le mépris & l'indignation de leurs femblables ; ceux qui s'y foumettent, trouvent leur récompenfe affurée dans l'eftime, dans l'ordre, & dans la paix dont ils jouiffent eux-mêmes. Les hommes feront heureux, lorfque leur raifon leur permettra de confulter un code que fa fimplicité leur rend intelligible, & que fon utilité devroit fans ceffe leur tenir fous les yeux.

§. XXII. *Du Droit.*

Toutes les loix, foit naturelles foit civiles, permettent quelques actions & en défendent d'autres. La permiffion qu'elles donnent confere des Droits. Ainfi le *Droit* eft toute faculté dont l'exercice eft approuvé par les loix de la Nature & de la Société. Les Droits que la Nature confere, font éternels & inaliénables ; ceux que la Société accorde peuvent être variables, paffagers, conformes à fes circonftances ; ils ne font fixes & durables, que lorfqu'ils font conformes à l'équité qui ne peut varier.

L'homme isolé, ou si l'on veut, dans l'état de Nature, auroit des droits sur tout ce que ses facultés peuvent lui procurer ; dans l'état de Société, l'exercice illimité de ses droits deviendroit aussi funeste à lui-même qu'à ses associés ; cet exercice doit être subordonné aux besoins de la Société, à ses circonstances, en un mot, au bien de tous. Ce qui nuit à l'association, nuit aux associés, & n'est plus un droit, c'est un abus.

§. XXIII. *Ce qui rend les Droits justes.*

Les actions conformes à notre nature, c'est-à-dire, celles que les loix naturelles ordonnent ou permettent, sont justes ; les actions contraires à notre nature, ou que les Loix Naturelles défendent, sont injustes. Ainsi, tout ce que les loix de notre nature permettent, est juste & légitime ; tout ce qu'elles défendent est injuste & illégitime. Pour qu'une loi soit juste, il faut donc qu'elle soit conforme à la Nature ; elle devient injuste, dès qu'elle la contredit. La Société n'a le droit que d'appliquer les loix de la Nature à ses besoins actuels, ou de les étendre aux circonstances particulieres dans lesquelles elle se trouve ; jamais elle ne peut y déroger ou les détruire ; vû qu'alors elle travailleroit à sa propre ruine.

§. XXIV. *De ce qui est licite ou illicite.*

Concluons de ces principes qu'il ne peut y avoir de Droits legitimes que ceux qui sont fondés sur la nature, la justice, l'utilité, l'intérêt véritable de la Société : ni la force, ni la rufe, ni la poffeffion, ni l'exemple, ni le tems, ni le filence des hommes ne peuvent conferer irrévocablement le droit d'agir d'une maniere oppofée à l'effence & au but de la Société ; elle ne peut jamais perdre le droit de s'oppofer à ce qui lui déplait, de révoquer ce que l'imprudence lui a fait accorder, de faire ceffer le mal que fa foibleffe a pu la forcer d'endurer. D'un autre côté, il fuit encore qu'une action, quoique défendue par la loi civile, peut être jufte, lorfqu'elle eft conforme à la Loi Naturelle. Alors, quoique jufte, elle devient *illicite.* Pareillement une action eft injufte, lorfque défendue par la Loi Naturelle, elle eft ordonnée ou permife par la Loi Civile ; dans ce cas, quoiqu'injufte, elle devient pourtant *licite* ; l'injuftice eft du côté du légiflateur qui viole une loi antérieure à toute autorité humaine, & à laquelle la volonté de la Société même n'a jamais le droit de fe fouftraire.

On trouvera peut-être que les conféquences de ces principes font dangereufes dans la pratique, en ce qu'elles tendent à troubler l'ordre, & autorifent l'homme à réclamer contre la loi civile qui très-fouvent lui interdit l'ufage de ce que la Nature lui permet ou lui ordonne, & lui permet ou lui ordonne ce que la nature défend. Je réponds que cette difficulté n'eft faite que pour effrayer des hommes que l'opinion, l'habitude & le préjugé foumettent à des inftitutions vicieufes. Rien de plus commun que de voir les Loix Civiles en contradiction avec celles de la Nature ou de l'équité. Ces loix dépravées font dûes foit à la perverfité des mœurs, foit aux erreurs des Sociétés, foit à la tyrannie qui force

la Nature de plier fous fon autorité : c’eft alors
l’intérêt du Légiflateur qui fait taire la Nature ;
mais l’intérêt des Sujets fe venge par des infractions multipliées, du joug qu’on leur impofe, toutes les fois qu’ils peuvent le faire impunément.

§. XXV. *De la Propriété.*

Les hommes en s’affociant pour fe mettre à
portée de recevoir des fecours, ont voulu, non
feulement affurer leurs perfonnes, mais encore la
poffeffion des chofes néceffaires à leur confervation & à leur bien-être. La liberté affure & la
perfonne & les moyens de la conferver : ainfi
la liberté eft la faculté d’employer toutes les voies
que l’on juge propres à conduire à fon bonheur
fans nuire à celui des autres.

Mais il eft impoffible que l’homme fe confer-
ve ou rende fon exiftence heureufe, s’il ne jouit
des avantages que fes foins & fa perfonne lui
ont acquis. Ainfi les loix de la Nature donnent
à chaque homme, un droit que l’on appelle *propriété*, qui n’eft que la faculté de jouir exclufivement des chofes que le talent, le travail &
l’induftrie procurent ; ce droit eft jufte & le fentiment qui en affure la poffeffion s’appelle *Juftice*.
Troubler un homme dans fa liberté & dans fa
propriété, c’eft lui ôter les moyens de fe conferver & l’empêcher d’être heureux ; la loi de
fa nature l’autorife à tout faire pour remplir ces
objets ; la Société doit l’en faire jouir ; elle cef-
feroit d’avoir des avantages pour lui, fi elle vio-
loit la juftice à fon égard ; elle ne peut lui ravir
fa liberté, que lorfqu’elle devient nuifible aux
autres ; elle ne peut le priver de fa propriété,
parce qu’elle eft faite pour l’affurer.

§. XXVI. *Elle est nécessaire.*

La propriété a pour base un rapport nécessaire qui s'établit entre l'homme & le fruit de son travail. Si la terre produisoit sans peine de notre part, tout ce qui est nécessaire au maintien de notre existence, la propriété seroit inutile. L'air & l'eau ne peuvent être soumis à la propriété; ces élements sont faits pour rester en commun. Il n'en est point de même de la terre, elle ne produit qu'en raison des soins & des peines qu'on se donne pour la cultiver : mais ces soins sont inégaux, ils suivent l'inégalité que la Nature, comme on a vu, met entre les forces, l'adresse & les ressources que les individus trouvent en eux-mêmes. Ainsi la propriété doit être distincte pour toutes les choses dont le genre humain ne peut jouir en commun, ou qui exigent des forces, des travaux, des talents ; avantages incommunicables ou bien que la Nature donne en propre à chaque individu. Si ces avantages appartiennent exclusivement à celui qui les possede, il en est de même des objets que ces avantages procurent ; ainsi un champ devient, en quelque façon, une portion de celui qui le cultive, parce que c'est sa volonté, ce sont ses bras, ses forces, son industrie, en un mot, ce sont des qualités propres à lui, individuelles, inhérentes à sa personne qui ont rendu ce champ ce qu'il est. Ce champ, arrosé de sa sueur, s'identifie, pour ainsi dire avec lui ; les fruits qu'il produit lui appartiennent, de même que ses membres & ses facultés, parce que sans son travail ces fruits, ou n'existeroient point, ou du moins n'existeroient pas tels qu'ils sont.

On voit donc que la propriété est fondée sur

la Nature Humaine ; mais elle est inégale, par ce que la Nature a fait les hommes inégaux. La propriété doit être distincte, parce que chaque individu est distingué d'un autre. Telle est la vraie source du *Tien & du mien*. Il est impossible en effet que j'aie idée de ma propriété sans l'avoir de celle d'un autre : si mon travail & mes facultés m'ont rendu propriétaire du champ que je cultive, je suis forcé de reconnoître que le travail & les facultés d'un autre lui ont donné la propriété du champ qu'il cultive pareillement.

§. XXVII. *De la Communauté des biens.*

QUELQUES Moralistes, touchés des maux sans nombre que la distinction des propriétés fait naître parmi les hommes, ont voulu la proscrire ; ils ont cru qu'on rétabliroit l'union & la paix entre eux en faisant disparoître une pomme de discorde qui troubloit sans cesse leur félicité : ils se sont imaginés, que la communauté des biens ôteroit aux mortels tout prétexte de se nuire. Mais ces spéculations n'ont point été suffisamment réfléchies ; l'inégalité naturelle des hommes rend impossible l'égalité de leurs possessions. Vainement tenteroit-on de rendre toutes choses communes entre des êtres inégaux pour la force, pour l'esprit, pour l'industrie, pour l'activité. La Société la plus sagement ordonnée ne peut se proposer que d'empêcher ses membres de faire les uns contre les autres, un usage dangereux de l'inégalité de leurs forces & de leurs propriétés. Voilà le but de tout bon gouvernement : voilà le plan de toute législation équitable : voilà l'effet de la liberté , sans laquelle la propriété n'est jamais bien assurée.

§. XXVIII. *Dangers de l'oisiveté.*

L'ON ne peut difconvenir que la propriété ne foit une fource de divifions. Chaque homme fe préfere à tous les autres ; lorfque cet amour de foi n'eft point guidé par la Loi , l'homme, comme on l'a remarqué, perd de vue fes femblables, il oublie qu'il doit, pour fon propre intérêt , laiffer jouir les autres , afin de jouir plus fûrement lui-même. Aveuglé par la paffion exclufive qui lui montre un avantage imaginaire ou paffager , non feulement il veut fe procurer une exiftence agréable , mais encore il veut l'obtenir avec le moins de peine qu'il eft poffible. Tout travail eft une peine ; toute peine eft une façon d'exifter défagréable, dont l'homme , par conféquent , defire la ceffation. Cette averfion pour le travail & la peine eft ce qu'on nomme *Pareffe* ; c'eft une difpofition naturelle à tous les hommes. Cet amour de l'inertie, ce defir de jouir fans travailler , fait naître dans toutes les Sociétés un combat continuel entre les membres ; chacun veut être heureux, mais fans y mettre du fien ; chacun aime mieux profiter du travail des autres, chacun veut faire contribuer les autres à fon bonheur particulier. Lorfque la volonté publique , ou la Loi ceffe de maintenir l'équilibre entre les différens membres de la Société, la pareffe des uns aidée de la force, de la rufe, de la féduction , parvient à s'approprier le fruit du travail des autres.

C'EST de cette difpofition que découlent la plupart des maux des Sociétés humaines. Les Princes, les Riches & les Grands ne femblent occupés que des moyens d'envahir les fruits du travail des autres. Membres trop fouvent inutiles ou nuifibles de la Société, ils s'emparent, foit de gré, foit de force, des avantages que la Nature ou l'induftrie rendent propres à leurs Concitoyens: ils anéantiffent leur liberté; ils violentent leurs perfonnes; ils ufurpent leurs poffeffions; ils prétendent avoir acquis le droit inconteftable d'être injuftes, lorfque leur oppreffion a long-tems continué, lorfque l'ignorance, les préjugés, la foibleffe, l'inertie ont empêché les fujets de réfifter ou de fe plaindre. Voilà comme la propriété eft fans ceffe violée. La plupart des peuples de la terre font forcés de prodiguer leur fueur, leur fang & leurs tréfors à des ingrats qui fe perfuadent que le ciel a voulu que leurs femblables travaillaffent pour eux & ferviffent à entretenir l'orgueil, le fafte & la pareffe de ceux qu'ils ont eux-mêmes choifis pour les guider, les défendre & les rendre heureux.

§. XXIX. *De la Juftice.*

La pareffe & les paffions des hommes leur font méconnoître la juftice qui, fondée fur le fentiment que nous avons de la propriété des autres, nous empêche de nous prévaloir de nos forces pour les priver des avantages que la Nature ou l'induftrie leur procurent. La juftice eft donc la vertu qui maintient les droits des hommes. Elle s'étend non feulement aux membres d'une même fociété, mais encore elle eft la bafe de la fûreté réciproque des Nations ou des Sociétés indépendantes les unes des autres. Un peuple doit la juftice à un peuple dans la grande Société humaine, par la même raifon qu'un citoyen doit la juſtice à ſon concitoyen dans une ſociété particuliere. La propriété d'une Nation eſt fondée ſur les mémes titres, que celle du Citoyen d'un Etat.

§. XXX. *Des peines & des récompenſes.*

Non ſeulement la juſtice fait jouir les membres de la Société des avantages que la Nature & leur induſtrie leur procurent, mais encore, par une diſtribution prudente & impartiale des *récompenſes*, elle fait naître en eux des motifs qui les déterminent à ſe rendre utiles les uns aux autres. Elle ſe ſert de leur tendance particuliere, de l'amour qu'ils ont pour eux-mêmes, en un mot de l'intérêt perſonnel qui les anime, pour les faire concourir au bien général, qu'elle confond avec le leur. Ce n'eſt que de ce concours que peut réſulter la puiſſance, la ſûreté & la proſpérité d'une Société. C'eſt le but que tout gouvernement doit ſe propoſer.

D'un autre côté, cette même juſtice effraie par des châtiments ou par des Loix *pénales*, ceux à qui leurs paſſions pourroient faire méconnoître le but de l'aſſociation. Ces paſſions ſont alors obligées de céder à une crainte ſalutaire; paſſion plus forte, qui devient un motif capable de déterminer les volontés, à s'abſtenir du mal & à concourir au bonheur général qu'elles ne troubleroient point impunément. Par là les hommes vicieux ſont forcés de coopérer à un plan dont leur intérêt aveugle les empêche de ſentir l'utilité pour eux-mêmes.

§. XXXI. *De leur véritable mesure.*

L'Utilite' & le dommage qu'éprouve la Société doivent être la mesure de ses récompenses & de ses châtiments. Des Loix fondées sur cette regle sont équitables , & leur observation tend au bonheur & à la tranquillité de la Société. La proportion suivant laquelle ces choses sont distribuées est le signe indubitable de sa sagesse & de sa prospérité. D'après ce principe, on peut établir une regle sûre pour juger de l'état d'une Nation & de la bonté de ses institutions : elle sera heureuse toutes les fois que les récompenses seront invariablement le partage des membres les plus utiles à la chose publique. Telle est la source naturelle , légitime , raisonnable des rangs , des honneurs , des distinctions que nous voyons établis parmi les hommes. Une nation est injuste, & devient malheureuse , toutes les fois que les passions , les préjugés , le caprice décideront des récompenses , ou lorsqu'elles seront ôtées à l'utilité ; enfin elle sera parvenue au comble de la corruption & de la misere , lorsque l'utilité sera punie ou négligée , & lorsque l'inutilité , le vice & le crime seront impunis, considérés, récompensés.

§. XXXII. *Inégalité introduite par la Société.*

L'on voit donc que la Société, de même que la Nature , établit une inégalité nécessaire & légitime entre ses membres. Cette inégalité est juste, parce qu'elle est fondée sur le but invariable de la Société , je veux dire sur sa conservation & son bonheur. Elle doit évidemment son

amour, ſes bienfaits, ſon eſtime, ſes récompenſes à ſes membres, à proportion des avantages
qu'elle en retire ; elle doit ſon mépris, ſa haine,
ſes châtimens à ceux qui lui ſont inutiles ou nuiſibles. Les récompenſes, pour être juſtes, doivent ſe régler ſur les beſoins de la Société, ſur
la grandeur des biens que ſes membres lui procurent : telle eſt la regle qui doit invariablement
décider de ſon amour & de ſa conduite à ſon
égard. Mais la Société, ou ceux qui la repré-
ſentent, de même que chacun de ſes membres,
peut être agitée par des paſſions, aveuglée par
des préjugés, en un mot, dépourvue de raiſon :
alors dans ſes affections, dans ſes haînes, dans
ſes uſages, ſes inſtitutions & ſes Loix, elle perd
ſouvent de vue, la juſte meſure de ſes ſentimens ;
elle eſt pour lors dans un délire qui lui fait eſtimer & récompenſer ſes membres les plus inutiles
& les plus nuiſibles, mépriſer ou perſécuter ceux
qu'elle chériroit, ſi ſes paſſions lui permettoient
d'être équitable & de connoître ſes vrais intérêts. Cet aveuglement eſt une ſource féconde
d'injuſtices & de maux qui tendent à briſer les
liens de la Société & à la rendre incommode à
ſes membres.

§. XXXIII. *Des vertus Sociales.*

Q'U'EST CE que l'utilité de la Société, ſi non
la Vertu ? s'abſtenir de faire du mal ; ne priver
perſonne des avantages dont il jouit, rendre à
chacun ce qui lui eſt dû ; faire du bien ; contribuer au bonheur des autres ; leur prêter des ſecours, c'eſt être vertueux. La vertu ne peut être
que ce qui contribue à l'utilité, au bonheur, à la
ſûreté de la Société.

La premiere des Vertus Sociales eſt l'Huma‑
nité. Elle eſt l'abrégé de toutes les autres. Priſe
dans ſa plus grande étendue, elle eſt ce ſenti‑
ment qui donne à tous les êtres de notre eſpece
des droits ſur notre cœur. Fondée ſur une ſenſi‑
bilité cultivée, elle nous diſpoſe à leur faire tout
le bien dont nos facultés nous rendent capables.
Ses effets ſont l'amour, la bienfaiſance, la libé‑
ralité, l'indulgence, la pitié pour nos ſemblables.
Lorſque cette vertu ſe renferme dans les bornes
de la Société où nous vivons, ſes effets ſont l'a‑
mour de la Patrie, l'amour paternel, la pitié
filiale, la tendreſſe conjugale, l'amitié, l'affection
pour nos proches & nos concitoyens.

La Force doit être regardée comme une vertu :
c'eſt elle qui défend la Société ou lui procure la
ſûreté. Ses effets ſont l'activité, la grandeur
d'ame, le courage, la patience, la modération,
la tempérance. On doit mettre l'activité au rang
des vertus ſociales, parce que les vertus qui ont
pour objet le bien de la Société doivent être
agiſſantes & non oiſeuſes, comme les vertus fac‑
tices & chimeriques introduites par l'impoſture,
qui ſouvent fait un mérite d'être inutiles aux au‑
tres. L'oiſiveté eſt un vice réel dans toute aſſo‑
ciation. La Société ne peut nous ſavoir gré, que
des actions qui lui ſont avantageuſes ; ce ſont les
ſeules qui méritent ſon eſtime, ſon approbation,
& ſa reconnoiſſance.

La Juſtice eſt la vraie baſe de toutes les ver‑
tus ſociales. C'eſt elle qui tenant la balance en‑
tre les membres de la Société, la maintient dans
l'équilibre ; c'eſt elle, comme on a vu, qui re‑
médie aux maux qui pourroient réſulter de l'iné‑
galité que la Nature a miſe entre les hommes ;

elle la fait servir elle-même au bien général : c'est elle qui assure aux individus leurs droits, leurs possessions, leurs propriétés, leur personne, leur liberté, & les met à couvert des entreprises de la force & des embûches de la ruse. C'est elle qui les oblige à la bonne foi, à la fidélité dans leurs engagements, & qui bannit du commerce le mensonge, la fraude, la surprise : enfin c'est la Justice qui par des Loix équitables & par une sage distribution des récompenses & des peines, excite à la vertu, réprime le vice & ramene à la raison, ceux qui seroient tentés d'acheter leur bien-être momentané par l'infortune de leurs semblables.

§. XXXIV. *Sont nécessaires.*

TELLES sont les dispositions que la Société doit exiger de ses membres ; tout nous en montre l'utilité. Elles sont nécessaires & invariables, parce qu'elles sont fondées sur notre nature & sur les besoins constants de notre espece ; l'expérience nous prouve qu'à mesure que leurs liens se relâchent, les Nations deviennent plus malheureuses : lorsqu'ils se rompent, la dissolution de la Société en est la suite inévitable. En un mot, tout nous prouve que sans justice, nulle société ne pourroit subsister. Le gouvernement & la législation ne doivent avoir pour objet que de la faire observer ; dès qu'ils perdent de vue cet objet important, ou dès qu'ils s'écartent eux-mêmes de l'équité, la Société ne rassemble plus que des êtres en discorde, dont les intérêts se séparent & qui ne semblent rapprochés que pour se nuire : c'est alors que l'état de Société devient souvent plus désagréable que l'état sauvage. Il est plus avantageux de vivre seul, que de vivre entouré d'êtres injuftes & perpétuellement occupés à fe difputer & s'arracher les bienfaits de la Nature.

§. XXXV. *Objet du Gouvernement.*

Le bonheur de la Société eft la fin de tout Gouvernement. C'eft pour être plus tranquilles & plus heureux ; c'eft pour jouir paifiblement du fruit de leurs travaux ; c'eft pour être protégés contre les vices du dedans & les entreprifes du dehors , que les hommes réunis confentent à dépendre d'une volonté puiffante qui repréfente les volontés de tous. Quelque foit la forme qu'une Nation foit convenue de donner à l'autorité qu'elle mit au-deffus de fa tête ; quelque foit l'étendue qu'elle lui ait accordée, elle ne put ni ne voulut jamais lui conférer le droit d'être injufte, de la rendre miférable ; elle n'eut jamais le deffein de détériorer fon fort. Raffemblés eux-mêmes par les befoins de leur nature, par le defir du bonheur, pour obtenir des fecours, dirat-on que les hommes voulurent dépendre d'une force qui les privât des avantages néceffaires à leur être? La Société voulut-elle que le lien commun qui rapprochoit fes parties, devînt l'inftrument fatal de fa diffolution ? Gardons-nous de le croire. Si, dans le délire du préjugé , de l'ignorance ou de l'enthoufiafme, une Société fut affez aveugle pour renoncer à fes droits ; fi, fubjuguée par la force, une violence momentanée lui arracha les titres inaliénables de fa nature, ne croyons point qu'elle ait perdu le droit de fe plaindre , de fe défendre, de reclamer contre une ufurpation à laquelle tout lui défend d'acquiefcer. Les droits de la Société font par leur nature éternels & inaliénables, ceux de la violence ne peuvent jamais devenir des droits facrés.

§. XXXVI.

§. XXXVI. *Source de l'autorité.*

Lorsque, guidés par le flambeau de la raison, nous remonterons aux vraies sources de l'autorité, nous demeurerons convaincus que la justice est sa vraie base ; que la réunion des intérêts fait sa force ; que le bonheur des hommes est le but dont le gouvernement ne doit jamais s'écarter, & que ce bonheur ne peut exister sans vertu. Nul homme ne renonce gratuitement à son indépendance naturelle ; nous ne consentons à nous soumettre aux volontés des autres, que dans l'espoir d'un plus grand bien qu'il n'en résulteroit pour nous en suivant nos propres volontés. Le citoyen n'obéit à loi, à la volonté publique, à l'autorité souveraine, que parce qu'il espere qu'elles le guideront plus sûrement vers le bonheur durable, que ses volontés particulieres & ses fantaisies qui l'en écartent très-souvent. L'autorité d'un Pere sur ses enfans n'a d'autre fondement, & l'obéissance de ceux-ci n'a d'autre motif, que le bien qui doit en résulter pour eux. L'autorité du Citoyen opulent & puissant est reconnue du pauvre, parce que celui-ci attend de lui de la protection & des secours. L'autorité de la Société est fondée sur les avantages qu'elle procure à ses membres. Enfin l'autorité de ceux qui gouvernent les peuples, ne se fonde que sur les biens que leurs talens, leurs soins & leurs vertus répandent sur les Nations.

SOMMAIRE DU SECOND DISCOURS.

DU

GOUVERNEMENT.

§. I. *Ce que c'est que gouverner.*

GOUVERNER, c'est obliger les membres d'une Société à remplir fidelement les conditions du Pacte Social. C'est les inviter ou les forcer à concourir au bien public ou à montrer des vertus. Si les hommes avoient été raisonnables, ils n'auroient pas eu besoin de se soumettre à l'autorité : content de jouir lui-même, chacun auroit laissé jouir les autres ; la réflexion lui auroit montré que le bien-être de chaque individu étroitement lié à celui de ses semblables, ne peut sans danger en être séparé : chacun auroit donc rendu fidelement à ses pareils, les secours qu'il en auroit reçus, ou qu'il avoit lieu d'en attendre. Aussi heureux que sa nature le comportoit, il n'auroit point voulu tourner contre les autres, les avantages du corps & de l'esprit qui lui donnoient de la supériorité sur eux : rien ne l'auroit obligé à mettre des bornes à l'usage de ses facultés. L'homme seroit demeuré libre, parce qu'il n'auroit été soumis qu'aux loix de sa nature ; sa personne &

fes biens auroient été en fûreté, parce que perfonne n'auroit fongé à les envahir. Le foible n'auroit point eu befoin de la protection du fort. L'homme inftruit auroit mis de plein gré en commun fes lumieres & fes talens. En un mot, rien n'auroit déterminé des êtres bienfaifants & heureux à fe priver gratuitement de leur indépendance dont aucun d'entre eux n'auroit été tenté d'abufer.

Mais les hommes naiffent avec des paffions; les unes retenues ou dirigées par la raifon, c'eft-à-dire, par un intérêt éclairé, deviennent utiles; les autres, guidées par l'interêt aveugle, par l'imagination, par l'ignorance, par l'impôfture font toujours funeftes à la Société & à fes membres; elles font perdre de vue à ceux qui en font poffedés, le but de l'affociation où ils vivent, les fecours qu'ils doivent aux autres & qu'ils ont le droit d'en recevoir, en un mot, les befoins & les defirs qui leur font communs. Il fallut donc fuppléer à la raifon par une force qui la repréfentât, qui fit exécuter fes regles & fes loix, qui ramenât au bien général les intérêts particuliers, dès qu'ils fembloient s'en écarter: on dut s'appercevoir que fans cela la Société, loin de procurer des avantages, ne feroit que rapprocher des êtres malfaifants & les mettre à portée de fe nuire. En effet, fi chacun ne s'occupoit qu'à pourfuivre les objets de fes paffions particulieres, fans fonger à ceux qui font également l'objet des paffions des autres, ces divers genres d'intérêts troubleroient à chaque pas la marche de la Société, & feroient naitre à tout moment parmi fes membres, une rivalité, une guerre très-dangereufe. Les plus puiffants accableroient les plus foibles, les plus adroits féduiroient les plus fimples ; en un mot, chacun n'employeroit fes facultés que d'une maniere préjudiciable à fes pareils ; & les individus, victimes alternatives de la violence & de l'artifice, fe rendroient mutuellement la vie infupportable.

§. II. *Utilité du Gouvernement.*

Pour prévenir ces inconvénients, chaque Société fentit le befoin de fe foumettre à une volonté, à une force, en un mot, à une autorité qui eût le droit de commander à tous fes membres ; elle fe fixa un centre commun auquel toutes les volontés, les facultés, les tendances particulieres vinffent en quelque façon aboutir : ce centre devint un mobile qui après avoir une fois reçu l'action, l'impulfion ou le mouvement de la fphere totale, dut réagir fur toutes fes parties. Chaque individu renonça donc pour fon bien à une indépendance dont l'exercice ne pouvoit être que funefte à lui-même & aux autres ; il foumit fa volonté, fes facultés & fes actions à la force centrale deftinée à mettre le tout en mouvement.

§. III. *Sa définition.*

Le Gouvernement eft donc la force établie par la volonté publique pour régler les actions de tous les membres de la Société, & les obliger de concourir au but qu'elle fe propofe : ce but eft la fûreté, le bonheur, la confervation du tout & de fes parties.

§. IV. *Distinction des Souverains & des Sujets.*

Le Gouvernement étant ainsi fixé, il s'établit de nouveaux rapports. Un ou plusieurs individus commanderent, les autres obéirent. Les uns furent chargés de vouloir, les autres d'exécuter ce que les premiers voudroient. Les uns devinrent des *Souverains*, les autres des *Sujets*. Mais quels furent les limites du commandement & de l'obéissance ? Elles demeurerent invariablement fixées par la justice, par l'intérêt général de la Société. Ces bornes furent réciproques & les mêmes pour le Souverain & pour le Sujet ; l'autorité est légitime, dès qu'elle procure le bien-être ; l'obéissance est raisonnable & doit être volontaire, dès que le bonheur en dépend. Obéir à des loix justes, émanées d'une autorité que la Société approuve, c'est obéir à la Société, c'est se soumettre à la raison publique pour son propre avantage. Obéir à des loix injustes, émanées d'une autorité contraire à la Nature & au but de la Société, c'est obéir à la passion, au caprice & à la déraison.

Tels sont les principes généraux sur lesquels la raison nous montre que tout Gouvernement est fondé. Examinons maintenant de quelle maniere il a dû s'établir.

§. V. *Origine du Gouvernement.*

Ce seroit donner une carriere trop vaste à l'imagination ou à des conjectures inutiles, que de vouloir deviner quelle a pu être l'origine des différens Gouvernements que nous voyons établis sur la terre. Il y auroit peu de philosophie à sup-

poser que tous se fussent formés de la même maniere, ou à vouloir les ramener à un modele unique. Des circonstances, des idées, des passions
différentes, en un mot, des besoins variés à l'infini ont dû les faire naître ; des forces, des
moyens, des événemens divers ont dû les accroî-
tre & les soutenir ; des causes multipliées ont dû
les affoiblir & les conduire plus ou moins lente-
ment à leur dissolution.

TENTONS cependant de suivre la marche de
l'esprit humain & des sociétés dans l'établisse-
ment de leurs Gouvernemens : nous ne risque-
rons guere de nous tromper, lorsque nous parti-
rons d'après les sentiments les plus généraux &
les idées les plus naturelles aux êtres de notre
espece.

§. VI. *Il a toujours subsisté.*

LES hommes, à parler exactement, ont toujours été gouvernés. Cette vérité ne paroîtra
point étrange, pour peu que l'on y fasse d'attention. Si l'homme est le fruit d'une Société dans
laquelle son enfance reçut des secours, & à laquelle ses besoins l'attacherent dans l'âge mûr, il
fut au moins sous le Gouvernement de son pere.
Quelque systême que l'on adopte sur l'antiquité
du monde, soit qu'on le suppose éternel, soit
qu'on ne lui donne qu'un nombre d'années limité ; soit que tous les hommes descendent d'un
seul, soit que le genre humain ait toujours subsisté dans un état à-peu-près pareil à celui où nous
le voyons, il y eut toujours des Sociétés. Au
moins y eût-il une famille qui reconnut un chef ;

cette famille dut à la fin devenir si nombreuse, qu'elle ne put être plus long-tems gouvernée par un seul homme. Le pouvoir, le respect, la soumission accordées au premier pere de famille, qui fut le premier Roi, dûrent se partager entre ceux qui lui succéderent, & même s'altérer, s'affoiblir & s'anéantir tout-à-fait. De nouveaux intérêts, des besoins, des circonstances différentes produisirent des disputes, des guerres, des émigrations ; des révolutions, & firent naître des Sociétés nouvelles. D'un autre côté, des calamités générales, telles que les pestes, les famines, les tremblements de terre, les inondations subdiviserent quelques Sociétés & bannirent de leurs anciennes habitations, ceux qui en étoient échappés. Mais quelque fût leur sort, jamais ces troupes errantes & arrachées de leurs demeures primitives, ne purent totalement oublier qu'antérieurement elles avoient déjà vécu sous un Gouvernement quelconque. C'est de l'un de ces points qu'il faut partir, lorsque nous voudrons remonter à la source non chimérique des Gouvernements actuels.

§. VII. *L'utilité, premiere source de l'Autorité Souveraine.*

CES Sociétés éparses s'étant trouvées au bout d'un certain tems dans une situation plus tranquille, songerent à rétablir chez elles un Gouvernement ; leurs yeux dûrent naturellement se tourner vers les personnes de qui elles avoient reçu le plus de bienfaits, & de qui elles croyoient avoir encore lieu d'en espérer. La bonté, l'utilité, voilà les titres naturels pour commander à des hommes ; ils firent, fans doute, les premiers Souverains. Plus on s'enfoncera dans la nuit de l'antiquité, plus les foibles lueurs qui nous reftent de ces tems ténébreux nous prouvent que les premiers Rois, ainfi que les premiers Dieux, furent des bienfaiteurs du genre humain. Les *Ofiris*, les *Hermès*, les *Triptolêmes* furent les chefs & les guides de Peuples fauvages & groffiers qui, après leur avoir accordé l'Autorité Suprême pendant leur vie, étendirent leur reconnoiffance au-delà du tombeau, & révérerent comme des Divinités, les perfonnages utiles auxquels ils avoient précédemment obéi.

Les hommes qui avoient été en butte à des entreprifes violentes, à des invafions fubites de la part d'autres Sociétés voifines, fe rapprocherent pour leur défenfe mutuelle : dans le choix de leurs Chefs, ils dûrent jetter les yeux fur ceux qu'ils jugerent les plus capables de les défendre. La force eft la premiere des vertus pour une Société raffemblée par la foibleffe & la crainte : elle lui devient la plus néceffaire de toutes. On nous dépeint les *Hercule*, les *Théfée* & prefque tous les premiers héros, comme doués d'une force extraordinaire, d'un courage invincible & la fable nous raconte leurs exploits étonnants.

Le choix libre des hommes dut encore les foumettre fouvent à la prudence, à la fageffe, à la vertu, mais fur-tout à cette grandeur d'ame, à cette fupériorité de raifon, de talents & de lumieres qui lui font fubjuguer le vulgaire, étonné de trouver dans fes chefs des reffources qu'il croit *divines*, parce qu'il en eft lui-même incapable. Ces hommes éclairés devinrent les légiflateurs des Sociétés ; ils y établirent l'ordre ; ils leur rendirent raifon des terribles phénomenes qui les avoient effrayées & difperfées ; ils firent parler les Dieux ; ils enfeignerent des cultes, ils annoncerent les oracles du ciel, & mêlerent fouvent les preftiges & l'impofture, à des bienfaits réels par lefquels ils avoient enchaîné leurs Concitoyens : ils rendirent par là leur autorité plus refpectable ; les *Orphées*, les *Minos*, les *Numa*, les *Incas*, furent des légiflateurs de cette efpece.

§. VIII. *Origine des Ariftocraties.*

PLUSIEURS familles difperfées ont encore pu fe raffembler pour leurs avantages communs & leur défenfe réciproque : en fe combinant, elles ne changerent rien au Gouvernement paternel. Les chefs de différentes familles conferverent une autorité égale ; leurs volontés réunies réglerent la Société, formée par la combinaifon de ces troupes détachées. C'eft fur ce modele qu'ont dû fe former les Républiques Ariftocratiques.

§. IX. *De la Conquête.*

ENFIN un grand nombre de Gouvernements fe font établis par la violence & le défordre. Des brigands heureux, fecondés par d'autres brigands, vinrent fondre à main armée fur les Sociétés qu'ils fubjuguerent, dont ils envahirent les poffeffions, dont ils renverferent les Gouvernemens & des Loix : après avoir vaincu & détruit les chefs qui les avoient commandées, ils fe mirent en leur place : les Peuples confternés furent contraints de recevoir en tremblant, le nouveau joug qu'on leur apporta fans confulter leur choix. Les *Nimrod*, les *Séfoftris*, les *Alexandre*, les *Clovis* fonderent ainfi de nouveaux empires.

§. X. *Des républiques fédératives.*

Aux grandes Sociétes fe font jointes des Sociétés plus petites. Cette jonction s'eft faite, ou de plein gré, ou par la force : dans le premier cas, des Nations incapables de fe foutenir par elles-mêmes, fe font quelquefois mis fous la protection d'une Nation plus puiffante. D'autres fois, à la vue des avantages dont jouiffoient leurs voifins, quelques Etats ont renoncé à leur propre indépendance, pour fe foumettre à la même volonté qui leur procuroit ces avantages. Dans le fecond cas, le torrent de la conquête entraîna, malgré elles, des Sociétés trop foibles pour réfifter. Enfin des Sociétés égales en force ont fait quelquefois des confédérations entre elles & , fous de certaines conditions, fe font réunies pour repouffer des forces plus grandes que chacune de leurs prifes féparément. Telle fut autrefois la ligue des *Achéens*; telle eft encore celle des *Suiffes* & des *Provinces-Unies*.

C'est à l'une de ces manieres que l'on peut rapporter la formation de tous les gouvernemens qui partagent la terre. L'hiftoire ne nous fournit point d'exemples que les Sociétés aient pris d'autres routes pour fe choifir des Chefs. Quoiqu'il en foit, rien ne feroit plus inutile que de chercher ainfi à tâtons dans la nuit des tems, les fources primitives de l'autorité, fi la flatterie &

l'impofture ne s'étoient efforcées d'inventer une origine idéale, afin de forger à ceux qui gouvernent les hommes, des titres pour les opprimer: vains titres! qui difparoiffent aux yeux de la raifon: elle nous prouvera, lorfque nous la confulterons, que quelqu'aient été les motifs, les befoins & les circonftances des Sociétés, en fe foumettant à un gouvernement, jamais elles n'ont voulu conférer à leurs chefs le droit de les rendre miférables: vérité éternelle, que la violence, l'impofture, ou l'erreur ont pu obfcurcir & faire méconnoître, mais qu'elles ne parviendront jamais à détruire.

§. XI. *Origines des Monarchies.*

Les hommes, comme on a vu, ont toujours eu fous les yeux le modele d'un gouvernement. Nés dans une famille gouvernée par un pere, ils ne purent jamais l'oublier. La Société formée par l'affemblage de plufieurs familles diftinctes, en confondant leurs intéréts, n'en forma plus qu'une feule. Mais cette grande famille fut-elle gouvernée par plufieurs chefs ou par un feul? L'un & l'autre put arriver, fans doute. Par où commença-t-on? la chofe eft indifférente; cependant tout nous conduit à croire que la réflexion dut bientôt ramener les hommes à l'unité. L'expérience dut faire fentir de très bonne heure que plufieurs hommes divifés d'intérêts, de paffions, de volontés; peu d'accord dans leurs idées, dans leur conduite, dans leurs vues même les plus droites, laiffoient toujours quelque chofe à defirer, ou même nuifoient fouvent à l'harmonie de la Société, à la fimplicité de fes mouvements, à l'exécution de fes projets, à la promptitude & au fecret de fes entreprifes. Ainfi les hommes entrevirent très fouvent les avantages du gouvernement d'un feul. Ce gouvernement, appellé *Monarchie*, eut pour modele le gouvernement d'une famille. La Société crut y voir un père commandant pour leur bien à des enfans chéris. Dans l'âge tendre de l'enfance, ce pere veille à leur sûreté, il protege leur foibleffe, il prévoit leurs befoins, il les difpofe peu-à-peu à devenir utiles dans un âge plus robufte ; il fait concourir chacun felon fes forces & fes talents, au foutien & au bien-être de la petite Société dont ils font membres. Ainfi le gouvernement Monarchique fe préfenta très naturellement à l'efprit des hommes. Si des circonftances particulieres ont déterminé les Sociétés à confier le pouvoir fouverain à plufieurs peres de famille, qu'elles jugerent également capables de les gouverner de concert, elles eurent de fréquentes occafions de fe défabufer de l'idée d'avoir rencontré une forme de gouvernement ftable, & toujours également propre à remplir leurs vues. Des chefs égaux en autorité, ne le furent point en forces, en vertus, en talens ; leurs paffions les diviferent. La Société prit part à leurs querelles; elle fe divifa en factions ; & fouvent par les maux qu'elle fe fit à elle-même, elle fentit le befoin de revenir au gouvernement d'un feul. La Monarchie fut prefque toujours le refuge des grandes Sociétés divifées ; elles fe flatterent d'y trouver ce repos après lequel foupirent des hommes laffés de fe déchirer.

§. XII. *Inconvénients de la Monarchie.*

La Monarchie eut elle - même fes inconvénients. L'abus fut toujours à côté du pouvoir ;
les forces de la Société concentrées dans un feul
homme , eurent, il eft vrai, plus d'énergie &
d'activité , mais elles n'en furent que plus dangereufes pour la Société même.

Le Monarque oublia fes devoirs; fes Sujets
oublierent les leurs ; irrités des excès de leurs
maîtres, ils repoufferent la force par la force; &
lorfque le fuccès répondit à leurs efforts, ils changerent quelquefois la forme de leur gouvernement , & fe flatterent de trouver dans ces changements , une félicité qui jufques - là leur étoit
étrangere. Les tranfports de la paffion leur permirent rarement de réformer le gouvernement avec
douceur. La fureur guida les démarches de la
Société ; elle fe promit d'autant plus de bonheur,
qu'elle s'éloigneroit plus de la forme du gouvernement dont récemment elle venoit d'éprouver
les abus ; tout, jufqu'au nom, en devint odieux :
au lieu de fe borner à des changements faciles &
médiocres, on aima mieux tout renverfer. A la
Monarchie, au defpotifme, à la tyrannie fuccéda
le gouvernement que l'on nomme Républicain.

§. XIII. *De la Démocratie.*

Quand la Société en corps, rentrée en poffeffion de fon pouvoir , fit elle-même fes loix ;
fon gouvernement s'appella *Démocratie.* La fou-
veraineté réfida dans la Société entiere ; mais
la confufion qui s'y mit bientôt, n'en fit le plus
fouvent qu'une anarchie modifiée. Fatiguée de
fon incapacité , de fes paffions , de fes fureurs ,

elle remit fon pouvoir à quelques hommes choifis par elle & chargés de la repréfenter. Cette autorité fut donnée par la Société avec réferve, ou fans réferve : quelquefois le peuple fe réferva le droit de faire les loix, de les examiner, de les approuver & de les rejetter ; d'autres fois il confia à fes Magiftrats, le foin de vouloir pour lui ; il ne lui refta pour lors que la fonction d'obéir. Ce gouvernement fut nommé *Arifto-cratie*. La Société, en l'adoptant, fe propofa de remettre fon autorité trop tumultueufe, lorfqu'elle eft exercée par le corps du peuple, entre les mains d'un certain nombre de citoyens que l'on fuppofa égaux en pouvoir, en talents, en vertus.

§. XIV. *Ses Inconvénients.*

Sous le gouvernement Démocratique, chaque individu refte, pour ainfi-dire, indépendant : fa liberté n'eft limitée que par des loix qu'il eft cenfé s'impofer à lui-même. On crut fans doute que des regles faites pour obliger également tous les citoyens, feroient les moyens les plus propres de remédier à l'inégalité que la nature a mife entre les hommes. On fe flatta que chacun jouiffant de fes droits, ne feroit plus la victime de la force. On ne s'apperçut point que le projet d'établir l'égalité entre les hommes, eft une chimere. On ne vit point que, fi par hazard elle femble quelquefois avoir lieu, ce ne peut être que pour des inftants très courts ; on ne fit point attention que les paffions des individus prenant fous la Démocratie, un plus libre effor que fous les autres gouvernements, devoient auſſi produire des effets plus funeſtes. Le peuple, trop ſouvent incapable de raiſonner, cauſe, en un clin-d'œil, des maux irréparables. On ne vit point que ſi la force ouverte ne pouvoit rien ſur les citoyens, la ſéduction, la perſuaſion, l'enthouſiaſme étoient dans la bouche de quelques ambitieux, des moyens aſſûrés pour allumer la fureur d'une multitude imprudente & déraiſonnable.

L'HISTOIRE de tous les âges ne nous montre que les ſecouſſes continuelles, les agitations & les orages auxquels le gouvernement populaire fut conſtamment expoſé : l'autorité y eſt ſans force, parce qu'elle eſt trop diviſée ; elle n'eſt point reſpectée, parce que chacun s'en croyant dépoſitaire, prétend avoir acquis le droit d'en abuſer ; elle ne frappe point les ſens, parce qu'elle n'eſt point aſſez fortement repréſentée ; chaque citoyen qui ſe croit indépendant, donne un libre cours à ſes paſſions. Un peuple ſouverain, flatté par ſes Démagogues, devient leur eſclave & l'inſtrument de leurs deſſeins pervers. Des citoyens turbulents ſe partagent en factions, la diſcorde ſoufle ſes feux dans tous les eſprits ; des guerres civiles déchirent une Société qui, aveugle dans ſes attachements & ſes haines, ſe livre ſouvent à ſes ennemis les plus cruels, & perſécute avec acharnement ſes véritables amis. Elle ſe jette dans les bras de quelque traître qui lui fait payer de ſa liberté, les remedes, ou plutôt les poiſons dont il l'infecte. Enfin le peuple fatigué de ſes propres excès, ſe livre à l'eſclavage d'un ſeul ou d'un petit nombre, & ſe croit trop heureux d'échanger ſa licence contre des fers.

§. XV.

§. XV. *Dangers de l'Aristocratie.*

POUR remédier à ces maux, partage trop commun des Gouvernements populaires, la Société eut quelquefois recours à l'Aristocratie: Elle choisit parmi ses membres ceux qu'elle jugea dignes de sa confiance; souvent guidée dans son choix par ses propres passions, par l'ignorance, par l'imposture, elle devint la proie de ceux qui devoient la protéger. Il n'y eut & il ne put y avoir d'harmonie entre ses Chefs; chacun poussé par son ambition ou son intérêt particulier, voulut prendre de l'ascendant sur ses collegues devenus ses rivaux : il y eut entre eux inégalité de talents & de force : tant que le combat fut égal, la Société se remplit de brigues, de cabales, d'intrigues; chaque ambitieux eut son parti & se fit des adhérens qui combattirent pour lui : à la fin le Peuple divisé, déchiré, épuisé acheta de son sang quelque nouveau maître plus heureux que ses concurrents, ou bien il devint la proie d'un parti dominant.

LES Chefs de ces Républiques ne se livrerent point toujours à ces indignes excès; ils tâcherent quelquefois pour leurs propres intérêts de prévenir les suites de l'ambition de leurs égaux; des loix séveres maintinrent entre eux une balance qui ne fut point faite pour le reste de la nation : celle-ci n'y gagna rien; elle fut soumise à plusieurs maîtres d'accord pour l'asservir, pour la tenir dans l'esclavage, & pour profiter seuls du fruit de sa soumission. Ainsi quelques familles puissantes devinrent maîtresses de l'Etat, & s'en partagerent les dépouilles; au lieu d'un Souverain,

E

le Peuple eut plufieurs Tyrans affociés contre
lui, & leur oppreffion fut d'autant plus dure
qu'elle fut plus réfléchie, mieux concertée &
maintenue par un fyftême fuivi. Les paffions
d'un feul homme changent avec le tems, & difparoiffent avec lui ; celles d'un corps toujours
fubfiftant, toujours lié d'intérêts, ne font pas fi
fujettes à changer.

§. XVI. *Des Républiques Mixtes.*

Les Sociétés inftruites à leurs dépens des
malheurs de la Démocratie & de l'Ariftocratie,
chercherent à tempérer l'une par l'autre, elles fe
flatterent que la fageffe de leurs membres les plus
illuftres, les plus éclairés, les plus opulents, mo-
déreroit la fougue des emportemens populaires,
Elles s'imaginerent que le Peuple tiendroit fes
yeux ouverts fur la conduite des Citoyens avec
lefquels il partageoit le pouvoir ; on fuppofa qu'il
veilleroit à fes propres intérêts, & contiendroit
une force qui feroit elle-même un frein pour la
fienne. Ces efperances furent vaines. Les plus
diftingués des Citoyens formerent un corps ou
Sénat dont les intérêts ne furent prefque jamais
ceux du Peuple ; le Sénat voulut dominer le Peuple, & le Peuple à fon tour voulut dominer le
Sénat. Delà une divifion éternelle entre les deux
puiffances. Elle fit naître des jaloufies, des dé-
fiances continuelles ; l'adreffe fut d'un côté, la
fougue & l'impétuofité furent de l'autre ; les forces de l'Etat ne purent prefque jamais ni fe maintenir en équilibre, ni fe réunir pour agir de concert ; les Loix les plus raifonnables, les inftitutions
les plus falutaires, les projets les plus avantageux,

furent arrêtés ou rejettés comme odieux & suspects. Par les efforts continuels du Peuple contre le Sénat & du Sénat contre le Peuple, la Société fut toujours en discorde : occupée à lutter contre elle-même, elle devint la proie des ambitieux qui surent profiter de son imprudence pour s'élever sur les ruines de leurs rivaux ; ils finirent par donner des fers à la Patrie qu'ils se vantoient de servir ; l'usurpation & la Tyrannie ont terminé presque toujours les factions & les combats des Républiques mixtes. Tel fut le Gouvernement & le sort de l'ancienne Rome.

§. XVII. *Du Gouvernement féodal.*

Il est encore une sorte de Gouvernement que l'on met quelquefois au nombre des Républiques: il tire son origine du brigandage, du désordre, de la guerre. Les Rois conquérants, pour s'attacher des guerriers, leur accordèrent, soit de gré, soit de force, une indépendance, & souvent un pouvoir funeste. La Monarchie fut donc alors combinée avec l'Aristocratie. Les guerriers, devenus dépositaires d'une portion du pouvoir souverain & possesseurs des terres de la Nation conquise, voulurent seuls la représenter. Ils furent pour le Monarque une barriere qu'il ne put franchir ; les Loix se tûrent pour ces Représentants armés ; sous ce Gouvernement le Monarque fut presque toujours trop foible pour agir ; le Peuple fut écrasé sous une multitude de Tyrans qui, vivant eux-mêmes dans l'Anarchie, firent consister leur liberté dans la faculté d'opprimer impunément leurs Concitoyens malheureux. Ils lierent soigneusement les mains du Monarque, pour qu'il ne pût jamais s'opposer à leurs excès.

TEL eſt le Gouvernement *féodal* établi jadis dans toute l'Europe ; enfanté au milieu du tumulte par des brigands, accoutumés à la licence ſous des conquérants dont ils étoient les appuis ; ce Gouvernement barbare ou plutôt ce déſordre ſyſtématique s'eſt conſervé en Pologne dans toute ſa férocité : il ſubſiſte en partie dans l'Empire d'Allemagne ; & l'on en trouve encore des veſtiges marqués dans tous les Gouvernements modernes.

§. XVIII. *Du mobile des Républiques.*

La vertu, dit un illuſtre auteur, *eſt le mobile du Gouvernement Républicain.* Mais ſi l'on regardoit la choſe de plus près, il ſemble qu'on trouveroit qu'il eſt pour les Républiques, une autre idole à qui la vertu même fut toujours ſacrifiée ; c'eſt l'égalité. On a déjà fait voir combien cette égalité étoit chimérique, on a prouvé que la Nature ne l'avoit accordée à aucun des êtres de notre eſpece, vainement les hommes tenteroient-ils de l'établir entre eux. Dans les Républiques, l'amour de l'égalité fit naître entre les Citoyens une envie une défiance, de la vertu même qui s'arment contre les talents, contre les ſervices les plus éclatants : chacun redoute les hommes qu'il eſt forcé de reſpecter : on tremble qu'ils n'uſent de l'aſcendant que le mérite leur donne pour aſſervir la Société. Si ces diſpoſitions font naître une inquiétude favorable à la liberté, elles ſont auſſi la ſource d'une foule d'injuſtices & d'une ingratitude capable de décourager le mérite & d'éteindre l'amour de la Patrie. C'eſt avec raiſon que l'on reproche aux Républiques, ces défauts ſi nuiſibles à la Société. Plus la vertu ſe montre avec éclat,

& plus elle paroît insupportable à des hommes enivrés de cette égalité romanesque qui n'est pro-
prement que de l'envie. Si l'enthousiasme, si la
grandeur d'ame, si la vertu fondent les Républiques & les soutiennent, 'ces mouvements impé-
tueux ne peuvent être de durée; l'utilité opprimée & punie par l'injustice, encourage le crime;
& l'amour de l'égalité finit par détruire l'édifice
que le bras de la vertu avoit élevé & soutenu quelque temps. Aristide fut victime de l'ostracisme;
après Phocion, qui est-ce qui auroit eu le front
d'être vertueux à Athenes.

D'AILLEURS dans les Républiques, l'attachement pour les institutions & les Loix devient
lui-même souvent un préjugé funeste. Nulle Loi
humaine n'est faite pour durer toujours; il n'est
que les loix éternelles de notre nature qui soient
propres à nous commander sans cesse. Dans
une République, une Loi changée produit presqu'infailliblement une révolution. La raison est
souvent obligée de respecter les idoles du Peuple; il les chérit par habitude, lors même qu'elles
luissont très-nuisibles. D'un autre côté les ambitieux, qui cherchent dans le trouble à faire va-
loir leurs intérêts personnels, excitent toujours le
Peuple, sous le prétexte de changement & de
réforme.

§. XIX. *De la Monarchie limitée.*

LES sociétés comme les individus cherchent
sans cesse à perfectionner leur sort; les inconvénients des Républiques même tempérées, per-
suaderent que la Nation seroit plus heureuse, si

elle parvenoit à réunir la Monarchie avec la République. On crut qu'une autorité ainfi balancée
mettroit un frein aux abus de la Royauté, à l'ambition des Ariftocrates & à la fougue du Peuple.
Du mêlange de ces trois Gouvernements naquit
celui qu'on appelle *Monarchie Mixte ou tempérée*.
On efpéra que par fon moyen les forces de la Société feroient plus juftement diftribuées. On
fentit que pour prévenir l'abus inféparable de
tout pouvoir, il falloit le remettre en différentes
mains qui empêchaffent que l'un des Ordres de
l'Etat n'entraînât la balance de fon côté. Ce
Gouvernement eft regardé comme le chef-d'œu-
vre de l'efprit humain. Les Loix invariables
commandent également à tous les membres de la
Société ; le Monarque lui-même reconnoît leur
Empire : elles lui lient les mains, quand il veut
faire le mal & ne lui laiffent que l'heureufe liberté de faire du bien. Tout Citoyen eft par elles
protégé contre la puiffance. Ces Loix ne font
point fujettes aux caprices d'un Souverain ou de
fa Cour ; le Peuple repréfenté par un Sénat,
dont lui-même choifit les membres, concourt
à la légiflation qu'il s'impofe ; les Citoyens les
plus diftingués par la naiffance, par la fortune,
par le rang, y cooperent. Enfin elle eft revêtue
de l'Autorité Royale qui demeure chargée de
fon exécution. Sous un tel Gouvernement les
loix ne femblent être que l'expreffion de la volonté publique. La perfonne, la propriété, la
liberté de chaque individu deviennent des objets
facrés auxquels nulle puiffance ne pourroit toucher impunément.

L'ANGLETERRE nous fournit un effai de ce
Gouvernement. Si quelqu'inftitution humaine

semble devoir procurer du bonheur à un Peuple, ce devroit être, sans doute, un Gouvernement qui réunit, balance & tempere tous les Gouvernemens que les hommes ont imaginés jusqu'à présent. Mais il n'est point d'édifice que les passions humaines ne parviennent à miner. Il n'est point de Loix si sages & si séveres, que l'adresse ou la force ne viennent à bout d'éluder ou d'enfreindre. L'esprit de l'homme ne peut prévoir & prévenir les circonstances, les événements, les révolutions qu'amene le destin. Les passions secrettes, comme les eaux, parviennent à détruire sourdement les monuments les plus solides. Peut-être trouvera-t-on un jour que ce Gouvernement, aujourd'hui si heureux, si digne d'admiration, est sujet à la fois aux inconvénients des trois formes de Gouvernement qu'il réunit. Un Monarque adroit fera, peut-être, concourir les Représentants du Peuple à se donner des fers. Quel pouvoir n'a point l'argent sur une Nation avide, quand il est devenu son unique mobile? Un Monarque maître des trésors peut aisément corrompre des citoyens avares. Un Souverain qui commande en despote à des soldats mercenaires, peut aisément subjuguer ceux qu'il ne peut séduire. Enfin des citoyens divisés n'offrent qu'une barriere très foible aux desseins suivis d'un Prince ambitieux. Une Aristocratie vénale est une digue peu sûre contre le pouvoir arbitraire. Enfin un Peuple inquiet, turbulent qui prend sa licence effrénée pour de la liberté, peut aisément se jetter de lui-même dans les fers. La félicité permanente d'un Peuple ne peut être solidement fondée que sur la raison éclairée, l'amour sincere du bien public, les bonnes mœurs, la vertu. Des hommes fans lumieres & fans mœurs font faits pour devenir tôt ou tard des efclaves.

§. XX. *De l'Autorité abfolue.*

Dans tout Gouvernement il faut une autorité abfolue : quelque part qu'elle réfide elle doit difpofer à fon gré de toutes les forces de la Société ; pour cet effet elle doit non-feulement faire des Loix, mais encore jouir d'un pouvoir affez étendu pour les faire exécuter, ou pour vaincre les obftacles que pourroient y apporter les paffions des individus. Ces objets ne feroient point remplis, fi l'autorité publique n'avoit pas une force fuffifante pour obliger également tous les membres de l'Etat, de concourir à fon bonheur, à fa confervation, à fa fûreté. Elle doit encore décider des voies qui y font les plus propres. En un mot, cette forte centrale eft faite pour déterminer toutes les tendances particulieres & doit être affez puiffante pour les forcer à fe joindre à la tendance du tout. Si cette puiffance avoit des bornes, il ne pourroit y avoir d'activité & de vigueur dans le Gouvernement ; les vices des membres rendroient fans ceffe inutile ou dangereufe une affociation qui n'a pour objet que le bien-être général. Cette vérité a été fentie par les Sociétés les plus jaloufes de leur liberté : au milieu des factions les plus cruelles, fouvent elles fe font vu obligées de fe foumettre, au moins pour un tems, à une autorité illimitée. Telle fut la *Dictature* à Rome.

Mais en quelles mains remettre un pouvoir fi néceffaire ? Comment empêcher qu'il ne dégé-

nere à la fin en un abus infupportable? Le pro-
blême paroît difficile à réfoudre. Si l'on confie
l'autorité à un feul, il devient un centre unique
qui attire tout à lui feul, & fait fervir les forces
de l'Etat à fatisfaire fes propres paffions. Le
pouvoir abfolu confié fans réferve à un feul homme ne peut donc être que l'effet de l'imprudence
& du délire. Remettra-t-on la puiffance fuprême à un petit nombre de citoyens choifis?
Bientôt ils deviendront les Tyrans de la Société.
La Nation elle-même confervera-t-elle la plénitude de fon pouvoir? Elle ne fait en faire
ufage; ou fi par hazard elle l'emploie, ce fera
fans prudence, fans réflexion, fans raifon, &
fouvent contre fes intérêts les plus chers. Dans
ces embarras quel parti prendre? Il n'en eft point
de plus fûr que de partager entre les différens
ordres de la Société une puiffance qui, placée
dans les mains d'un feul homme ou d'un feul
corps, les mettroit en état d'opprimer. Ce plan
n'eft point chimérique; que le pouvoir du Monarque refte toujours fubordonné à celui des Repréfentans du Peuple, & que ces Repréfentans
dépendent fans ceffe de la volonté de leurs Con-
ftituants defquels ils tiennent, tous leurs droits,
dont ils font les interprêtes, & non les maîtres.

§. XXI. *Nulle forme de Gouvernement n'eft parfaite.*

C E feroit fe tromper, fans doute, que de
s'attendre à trouver la perfection dans aucune
forme de Gouvernement. La plus parfaite eft
celle qui affure le bonheur du plus grand nombre
& le met à l'abri des paffions du petit nombre.

L'adminiſtration la plus ſage eſt celle qui veille inceſſamment ſur elle-même ; ſa vigilance doit entretenir, & réparer ſans ceſſe une machine que le mouvement uſe, affoiblit, dégrade à chaque inſtant. Un Gouvernement équitable fait enforte que chaque individu jouiſſe avec le plus d'égalité qu'il eſt poſſible, des avantages de l'aſſociation ; plus le bonheur eſt réparti, plus la Société ſera fortunée. Le dernier des Citoyens a le même droit à une félicité proportionnelle à ſon état, à ſon mérite, à ſes talents, que le Citoyen le plus diſtingué, que le Monarque lui-même.

Tous les Gouvernements ont des avantages & des déſavantages réels. Tous, ſans exception, ont des inconvénients ſans nombre, & portent en eux-mêmes le principe de leur deſtruction. Si l'excès du pouvoir produit la Tyrannie, l'abus de la liberté produit la licence, auſſi funeſte aux Etats que la Tyrannie elle-même, puiſque chaque individu devient le Tyran d'un autre. Si l'autorité eſt concentrée, elle eſt plus active & plus forte, par conséquent elle peut devenir plus dangereuſe. Eſt-elle partagée ? Elle s'affoiblit ; des reſſorts multipliés & compliqués ne jouent point communément avec la même aiſance que ceux qui ſont ſimples & peu nombreux. Le Peuple eſt-il méchant, corrompu, licentieux ? L'autorité n'a plus aſſez de nerf ; eſt-il aſſervi ? Il perd toute énergie. Les Loix ſont-elles mépriſées ? Tout tombe dans le déſordre ; a-t-on pour elles un attachement trop ſervile ? Dans bien des circonſtances elles deviendront funeſtes. Qu'eſt-ce qui décidera de ces circonſtances ? Ce ſera la raiſon, & à ſon défaut la force ou la néceſſité. C'eſt elle qui, du ſein des maux, fait naître les plus grands biens ; de l'excès de l'eſclavage, elle ſuſcite des vengeurs à la liberté ; de l'abyme de l'infortune, elle fait ſortir le bonheur.

C'eſt donc de la juſte balance du pouvoir & de la liberté que réſulte un bon Gouvernement. Ainſi tout Gouvernement, quelque nom qu'on lui donne, ſera bon, lorſqu'il rendra heureux le plus grand nombre de ceux qui lui ſeront ſoumis. Il atteindra ce but, en laiſſant aux Citoyens la juſte liberté qui met chacun en état de travailler à ſon bonheur ſans nuire à celui de ſes Concitoyens.

§. XXII. *Le même Gouvernement ne convient pas à tous les Peuples.*

Un même Gouvernement ne peut pas convenir à tous les hommes. Diſtingués par des climats, par des mœurs, des opinions, des préjugés, des beſoins divers, il eſt impoſſible qu'une même façon de gouverner puiſſe convenir à tous. L'étendue plus ou moins vaſte d'un Etat, ſa poſition, ſes productions, doivent encore mettre des différences entre les formes qu'il faut donner à l'autorité. Si toutes les Nations étoient égales pour la force & les lumieres ou la raiſon, elles ſeroient faciles à gouverner. Si toutes avoient des Souverains vertueux, toutes ſeroient également heureuſes.

§. XXIII. *La tranquillité d'un Etat n'est pas le signe de la bonté d'un Gouvernement.*

MAIS quel est, dira-t-on, le Gouvernement le plus permanent & le plus tranquille? Peut-être sera-t-on tenté de croire que ce signe doit décider de sa bonté. C'est pourtant une erreur. La durée d'un Gouvernement, ne prouve rien en sa faveur. Les vastes régions de l'Asie gémissent depuis des milliers d'années sous un Despotisme absurde qui, quoiqu'en changeant souvent de mains, commande toujours à des esclaves également malheureux. Les hommes enchaînés par l'ignorance, la paresse, & sur-tout par la superstition, s'accoutument au joug & le portent par habitude. La stupidité dans laquelle ils vivent, les empêche de reconnoître s'il est au monde des hommes dont le fort soit plus doux.

§. XXIV. *La puissance & la richesse ne prouvent pas le bonheur.*

ON croira peut-être que la puissance d'un Etat & sa supériorité sur les Nations qui l'environnent, ses richesses, son commerce, sa fertilité, pourront nous faire juger de la bonté de son Gouvernement. Détrompons-nous de cette idée. Les Empires les plus puissants au-dehors, sont souvent les plus malheureux, les plus mal gouvernés dans l'intérieur. Lorsque la frénésie de la guerre s'empare d'une Nation ou de ceux qui la dirigent, quelque succès qui couronne ses exploits, quelqu'étendue qu'elle donne à ses conquêtes, quelqu'ascendant momentané qu'elle prenne sur ses voisins; elle payera chérement ses prétendus avantages, & son bien-être intérieur en souffrira toujours. Les Peuples guerriers & conquérants ressemblent à ces insectes malfaisans qu'on voit périr sur les plaies qu'ils ont faites.

LES richesses & les productions du sol, en un mot, les avantages de la Nature & de l'industrie ne prouvent rien en faveur d'un Gouvernement. Est-il une contrée plus opulente & plus malheureuse que l'Indostan ? C'est l'usage que le Gouvernement sçait faire & du sol, & des habitans & des richesses; c'est le bonheur qu'il procure à ses Sujets qui peut seul faire juger de sa sagesse ; c'est la facilité qu'il trouve à réunir toutes les volontés pour les faire concourir au bien général qui annonce la vraie force d'un Etat. Il n'en est point de réelle & permanente dans un Etat où les passions divisent les Sujets, & séparent leurs intérêts de ceux du Public; le Gouvernement est mauvais, dès que les mœurs sont mauvaises; une Société vicieuse ne peut jamais être heureuse. Tous ses efforts, tous ses succès ne seront que le fruit d'une impulsion momentanée. Les Gouvernements militaires, sans cesse en mouvement, ne peuvent guere s'occuper de la félicité publique; elle est à tout moment sacrifiée à l'humeur ambitieuse des Princes & au génie remuant des Courtisans & des Grands. Un Gouvernemeut avide, dont toutes les vues sont absorbées par le commerce ou la passion des richesses, sacrifie tout à son idole, se ruine dans l'idée de s'enrichir, & corrompt les mœurs des Citoyens.

§. XXV. *Des institutions primitives.*

MACHIAVEL a dit *qu'un gouvernement ne pouvoit long-tems subsister, s'il ne recouroit souvent à ses premiers principes ;* cette maxime est très-vraie ; si par *premiers principes* on entend la Nature de l'homme, le but de l'association, le bien public, l'équité. C'est là-dessus qu'en tout tems on pourra juger sainement les gouvernements, les loix & les institutions humaines. Les circonstances des Nations changent, & ce seroit une erreur que de vouloir recourir à leurs institutions primitives, que le temps a souvent rendu inutiles ou dangereuses. C'est pourtant dans cette erreur que les Nations tombent à tout moment. Souffrent-elles quelques maux ? Sur le champ des réformateurs font des recherches pour voir ce qui se pratiquoit autrefois ; ils veulent que des remedes surannés guérissent des maladies actuelles ; ils vont puiser dans l'antiquité des Loix, souvent insensées, des usages absurdes, des faits très-peu certains, des droits barbares & nuisibles ; en un mot, les décisions de leurs peres ; tandis que les questions les plus difficiles & les plus importantes seroient sur le champ, éclaircies si l'on recouroit au plan primitif de toute Société, aux qualités inhérentes & essentielles à tous les hommes. Le préjugé de la sagesse de nos peres est souvent très-funeste en Politique ; la vénération pour l'antiquité devient une superstition que l'on oppose sans cesse au bon sens. Les Nations changent, ainsi ce sont les besoins actuels, c'est la raison perfectionnée que l'on doit consulter. De ce qu'une chose fut jugée utile & bonne autrefois, il ne suit nullement qu'elle soit bonne aujourd'hui.

Si l'on fait attention à ces principes, on verra pourquoi la plupart des gouvernements modernes nous offrent des monuments informes, des amas de Loix, de Droits, d'Usages contradictoires ; des machines compliquées, incapables de se mouvoir avec facilité, qui s'arrêtent à tout moment sans qu'on puisse découvrir les obstacles qui les empêchent d'agir. Telle est la véritable origine des embarras où l'on se trouve, lorsqu'on veut rectifier des institutions devenues, très nuisibles. Telle est la cause qui perpétue dans les Gouvernements, des maximes destructives, injustes, déraisonnables que l'on voit encore subsister par-tout, quoique par-tout on en sente les inconvénients.

§. XXVI. *Des réformes & révolutions.*

La perfection, il est vrai, n'est point le partage des institutions humaines ; les Gouvernements, ainsi que tous les ouvrages de l'homme, sont sujets à des révolutions que toute la sagacité ne peut prévenir. Etablis par la force, par l'enthousiasme, par le besoin, enfantés au sein du désordre, des orages & des allarmes, rarement la raison présida-t-elle à leur formation primitive ; plus rarement encore, les Nations furent-elles assez prudentes pour prévoir les abus que l'on feroit de l'autorité qu'elles confioient. Les changements qui survinrent furent communément l'ouvrage de la passion, de la fureur, de la nécessité. On ne songea jamais qu'à rémedier aux abus que l'on sentoit actuellement ; & quelquefois à ceux que l'on voulut écarter ; l'on en substitua de plus dangereux. Quels avantages bien marqués a-t-il résulté jusqu'ici de tant de guerres civiles, de révoltes, de régicides & d'attentats par lesquels des Nations dépourvues de principes ont prétendu remédier aux maux qu'elles éprouvoient? Pour avoir égorgé des milliers de Tyrans, les Peuples de l'Asie en sont-ils devenus plus libres ou plus fortunés? Si des révolutions ont quelquefois procuré des biens momentanés, elles ont souvent causé des calamités durables : souvent la stupidité & la folie détruisirent en un instant les mesures les mieux concertées, les établissements les plus sages, les institutions les plus utiles. Quelquefois le délire & la passion produisirent les effets les plus utiles. La conquête impitoyable moissonna tout, & fit disparoître le nom même des Nations qu'elle subjugua. Les passions des Princes, une Politique insensée, des bévues accumulées conduisirent les Empires les plus florissants à leur terme fatal. Les Sociétés ne furent heureuses, que lorsque les passions de leurs chefs s'accordèrent avec le bien public : le bonheur des Nations ainsi que celui des individus fut toujours un équilibre presqu'aussitôt rompu que formé. Il y eût une lutte perpétuelle de la Société contre ses Maîtres & de ceux-ci contre la Société. Ce combat fut toujours inégal ; le Souverain eut une volonté permanente de dominer & d'envahir ; la Société ne put jamais réunir les volontés discordantes de ses membres. Les dépositaires de l'autorité voulurent sans cesse l'étendre, la rendre illimitée, & briser tous les obstacles que rencontroient leurs passions inconsidérées. Le Despotisme fut l'objet des vœux constans de tous les

Princes,

Princes, & bien-tôt il fit éclore la Tyrannie, également dangereuſe pour les Souverains & pour les Peuples. Les Sujets firent des efforts continuels pour ſe ſouſtraire à la violence. La guerre fut nuiſible aux Etats qu'elle épuiſa, qu'elle dépeupla, qu'elle appauvrit ; la paix engourdit les Nations & les rendit une proie facile pour les Sociétés plus puiſſantes. Le commerce, fruit de la liberté & de la tranquillité, produiſit les richeſſes, & ces richeſſes, toujours ſuivies par le luxe, finirent par énerver les Citoyens. Le deſpotiſme dévaſta les Nations ; l'anarchie ou la licence les jetta communément dans les fers d'un Deſpote.

§. XXVII. *En quoi conſiſte la bonté du Gouvernement.*

La perfection du Gouvernement conſiſteroit à diriger vers le bien public, les paſſions des Citoyens. En vain s'efforceroit-il de les anéantir ; en vain exigeroit-on que ceux qui commandent aux hommes fuſſent exempts eux-mêmes de paſſions. Rien n'eſt plus rare qu'un Gouvernement ſage & qui rende les Peuples heureux. Mais eſt-il plus commun de trouver des familles bien gouvernées? Il ne faut donc pas prétendre que les chefs qui commandent aux grandes familles dans leſquelles le genre humain eſt partagé, aient toujours la doſe de vertus, de talens & de génie néceſſaires, pour faire agir avec préciſion de vaſtes corps dont les reſſorts ſont infiniment compliqués. Les Princes ſont des hommes, l'erreur eſt leur partage; ils font le mal ſouvent à leur inſçu, ils ignorent communément leurs véritables intérêts : les Nations, comme les individus ſont sujettes à des maladies : les crises, souvent très vives, rendent pour un tems la santé au Corps Politique ; sa santé dure, jusqu'à ce qu'ayant amassé de nouvelles humeurs, la Nature, par des crises nouvelles, le force à se débarrasser.

Laissons donc agir la Nature ; secondons-la quelquefois, lorsque nous pourrons le faire avec sûreté ; ne la brusquons, ne la traversons jamais. Songeons que si l'on connoît le mal, on n'en connoît pas toujours les vrais remedes ; craignons que des mains peu habiles ne travaillent à l'augmenter. Ayons pour les dépositaires de l'Autorité Publique, cette indulgence que nous devons à des êtres sujets aux infirmités de notre nature. Rentrons dans le fond de nous-mêmes ; considérons nos propres foiblesses ; souvenons-nous sur-tout qu'il n'appartient qu'à la Société de marquer ses mécontentements : elle seule a droit de reprendre l'autorité dont elle s'est dessaisie, lorsqu'on l'emploie à sa destruction.

Nous prouverons par la suite que le Citoyen raisonnable doit se soumettre avec patience aux inconvéniens nécessaires du Gouvernement sous lequel la naissance l'a placé. Obligé de servir la Société dont il est membre, il le fera par ses forces, par ses conseils, par ses talens ; mais il n'oubliera jamais qu'il lui est défendu de troubler l'ordre d'un tout dont il n'est qu'une foible partie.

Ce n'est point à l'ambition, à la vengeance, à la passion qu'il appartient de réformer les Gouvernements ; c'est à la raison calme, à l'expérience, à la volonté tranquille de la Société que ce droit appartient. L'intérêt personnel, presque toujours injufte, n'eft pas fait pour décider de l'intérêt général. Ceux qui gouvernent mal, n'ont tort, que parce qu'ils facrifient le bien public à leurs propres paffions ; celui qui met le trouble dans fa patrie, fans fon aveu, n'eft pas moins criminel que celui qui l'opprime. Bien plus, la Société elle-même pour fon propre intérêt, doit tolérer les maux dont elle ne connoît pas les remedes : les révolutions & les troubles font pour elle des maux certains, auxquels elle ne peut recourir que pour fe procurer un bien-être affez grand, affez fûr, affez durable pour la dédommager du facrifice paffager de fon repos. Une nation toujours agitée, toujours aux prifes avec fes chefs, reffemble à ces malades dont l'efprit inquiet redouble continuellement les maux.

§. XXVIII. *Tolérance Sociale.*

L'INDULGENCE, la patience, la tranquillité, font les effets d'une raifon éclairée. Celui qui médite les chofes de ce monde, les voit foumifes à une Nature qui, par des caufes inattendues, par des refforts cachés, fait tirer la concorde de la difcorde, le bonheur du malheur même ; le calme du fein des tempêtes. Efpérons tout du tems & du progrès des lumieres. A force de tomber, l'enfant apprend à fe foutenir, à marcher, à éviter les dangers : à force de fouffrir de fes erreurs, l'homme devenu plus fage parvient à s'en guérir. Le malheur eft le grand maître des hommes : il les oblige tôt-ou-tard à chercher dans la raifon le remede de leurs peines. S'ils ne peuvent fe flatter d'élever des monuments éternels, qu'ils cherchent du moins à rendre plus commodes, les demeures paſſageres qu'ils habitent pendant leur courte durée.

O Hommes! dont la petiteſſe veut embraſſer l'univers! dont l'imagination meſure tout ſur ſes deſirs! ceſſez de prétendre à des ouvrages éternels : ceſſez d'eſpérer que votre ſageſſe cimentera pour jamais l'édifice de vos Gouvernements. Votre prévoyance, votre expérience, votre raiſon ne garantiront point vos foibles établiſſements contre les injures des âges, contre la fureur des révolutions, contre les flambeaux de la diſcorde, contre l'impétuoſité de vos vices & de vos paſſions, contre la diſpoſition ſourde inhérente à votre Nature & qui tend à tout altérer. Vos empires, vos inſtitutions, vos loix paſſeront ainſi que vous. La demeure ſolide qui ſoutient vos pas, ſera quelque jour elle-même le jouet des révolutions de la Nature.

Mais dira-t-on, ſi les hommes ne ſont point faits pour jouir d'un bonheur permanent, ſi leurs Loix doivent changer, ſi leurs Gouvernements ne peuvent être ſtables, à quoi bon s'occuper de leur faire connoître des maux que la néceſſité rendra toujours indiſpenſables ? La ſanté n'eſt point toujours le partage de l'homme ; qu'il connoiſſe ſes maux, qu'il en cherche les remedes, qu'il les applique avec prudence, qu'il ſoit au moins heureux quelques inſtants, s'il ne peut l'être toujours. De ce que l'homme eſt rarement ſatisfait de ſon ſort, s'enſuit-il donc qu'il ne doit pas ſonger à l'améliorer? De ce qu'il ſe voit tôt-ou-tard deſtiné à mourir, en conclura-t-il qu'il ne doit point travailler à rendre plus heureuſe une vie qui peut lui être à tout moment ravie?

Quelque ſoit ſa forme, le Gouvernement aura toute la bonté & jouira de toute la ſolidité dont les choſes humaines ſont ſuſceptibles, tant qu'il procurera aux hommes la juſtice, la ſûreté, la liberté : tant que nul intérêt particulier ne pourra l'emporter ſur l'intérêt de tous : tant que la Loi ſera plus forte qu'aucune volonté particuliere. C'eſt alors que l'autorité ſera la ſomme des volontés de tous ; l'intérêt public ſe confondra avec celui des individus ; les forces de l'Etat agiront de concert ; elles ſeront dirigées vers le bonheur général, duquel chacun ſentira que le ſien doit réſulter. Alors ſous des Souverains ſoumis aux Loix, la Société ſera contente ; elle aura l'activité néceſſaire à ſa conſervation ; guidée par des chefs éclairés, elle ſe verra ſervie par des Citoyens magnanimes & vertueux.

SOMMAIRE DU TROISIEME DISCOURS.

DES

SOUVERAINS.

§. I. *Définition du Souverain.*

LEs Souverains font des Citoyens à qui les Nations ont conféré le droit de les gouverner pour leur propre félicité. Quelque foit la forme d'un Gouvernement, les droits de la Souveraineté, pour être légitimes, doivent être uniquement fondés fur le confentement des Peuples ; tout pouvoir eft effentiellement limité par le but primitif que la Société fe propofe ; tendant fans ceffe à fe conferver, à fe maintenir en vigueur, à rendre fon fort agréable, elle ne peut confentir qu'aux moyens qui rempliffent ces vues.

LORSQU'UNE Société veut être gouvernée par un feul de fes membres, la Souveraineté réfide en lui ; il s'appelle *Roi*, *Monarque* ou *Prince*, & fon Gouvernement fe nomme *Monarchique*. Lorfque la Nation remet pour toujours l'Autorité Souveraine entre les mains d'un certain nombre de Magiftrats, fon Gouvernement fe nomme

Ariſtocratique. Enfin lorſque le Peuple ſe réſerve à lui-même le Pouvoir Souverain, ou lorſque par des élections il le confie pour un tems limité à des Magiſtrats deſtinés à le repréſenter, le Gouvernement s'appelle *Démocratique* ou *Populaire*.

Celui ou ceux qui gouvernent une Société contre ſon gré, ne peuvent être regardés comme des Souverains ; ce ſont des Uſurpateurs. Ceux qui, autoriſés dans l'origine par le conſentement de la Société, la gouvernent d'une maniere contraire à ſa nature, à ſes intentions, à ſon but primitif, ſont des Tyrans. Ainſi quelle différence y a-t-il entre un Souverain, un Uſurpateur & un Tyran ? Le Souverain gouverne par le conſentement de ſes Peuples & conformément à leurs vœux. L'Uſurpateur les gouverne ſans leur aveu. Le Tyran les gouverne d'une maniere oppoſée à leur volonté. Le titre du Souverain eſt le conſentement de la Société. Le titre de l'Uſurpateur eſt la violence ; le titre du Tyran eſt une volonté injuſte appuyée des forces de la Société qu'il tourne contre elle-même. Il n'eſt des Souverains légitimes, que ceux qui gouvernent les Peuples d'une maniere conforme à leurs volontés naturelles & raiſonnables.

La force ne donne point de droits que la force ne puiſſe anéantir. La volonté d'un ſeul ne peut lier les volontés de tous, que lorſque ceux-ci l'adoptent ou conſentent à s'y conformer. C'eſt donc le conſentement tacite ou déclaré des Peuples, qui ſeul peut établir un rapport entre eux & leurs Souverains ; de celui qu'établit la force ne peut naître que de la haine, de l'inimitié & de la répugnance ; le Tyran n'a jamais des Sujets, il n'a que des ennemis.

Est-il des liens sociaux entre des ennemis? La Nature de l'homme lui permet-elle de consentir à son malheur ou d'acquiescer à ce qui le prive du bien-être ? N'est-il pas de son essence de haïr & de repousser ce qui rend son existence douloureuse ou ce qui menace sa conservation ? L'amour de leur existence, le desir de la conserver, la volonté permanente de la rendre heureuse sont donc les seuls liens qui puissent unir les Sujets à leurs Souverains, & les soumettre à leurs ordres. La volonté de la Société se confond & s'identifie avec celle du Souverain, lorsqu'il travaille à son bonheur ; elle s'en sépare, dès qu'il s'écarte de ce plan. · Le desir du bonheur est le nœud qui rapproche les volontés des Peuples de celles de leurs Chefs ; l'aversion du mal les dissout.

Ce seroit renoncer à la raison, que de nier ces principes ; ils sont si évidents, que les hommes seront forcés de les reconnoître toutes les fois qu'ils rentreront en eux-mêmes.

S'il n'existe point d'autres liens entre les hommes, que ceux que forment entre eux le besoin, le desir du bonheur, il n'est point de véritable association, à moins que ceux qui y entrent ne consentent de bonne foi à concourir au même plan : il n'est point de forces, si les confédérés n'y conspirent. Chaque Société gouvernée doit être considérée comme l'association d'un Peuple avec le Souverain qui le gouverne. Si leurs volontés sont d'accord, la Nation sera heureuse :

fi leurs volontés font difcordantes, il n'y aura que défordre & confufion. Il n'y a de puiffance, de fûreté & de félicité pour un état, que lorf-que la volonté des Sujets concourt avec celle du Souverain.

§. II. *Motifs de la Soumiffion.*

LES befoins obligent les hommes à vivre en Société. La Vie Sociale les met plus à portée de les fatisfaire : en faveur de ces avantages, chaque membre eft obligé de facrifier au bien-être & au maintien du tout, l'exercice illimité de fa volonté, de fes forces ou facultés ; en un mot, fon indépendance ; il renonce pour fon propre bien au droit de fuivre en tout les impul-fions de fes defirs ; fon intérêt l'engage à fe laif-fer guider par les volontés du corps dont il eft membre ; fans celà la Société ne tarderoit point à fe détruire par le choc continuel de toutes les volontés particulières. Il faut donc que chaque individu foit contenu par une force générale. Il faut qu'il foumette fa volonté propre à celle de la Société : les biens qu'elle procure lui donnent le droit inconteftable de contenir ou de diriger les paffions de fes membres, de prefcrire des bornes à leur liberté, & de les forcer à contri-buer à la fûreté & au bien-être de leurs femblables. Mais comment la Société peut-elle ex-primer fa volonté ? Comment réunir les vœux de tous les hommes qui la compofent au point de les réduire à une fomme totale ? Cette volonté ne peut fe rendre fenfible qu'en établiffant une Autorité qui ait le droit de commander à tous & de leur faire exécuter fes ordres. Celui ou ceux

qui font dépofitaires de cette autorité repréfentent donc la Société toute entiere ; quelque foit
la forme de fon gouvernement, c'eft d'elle-même que le Souverain emprunte le droit de commander à fes membres; en un mot, ce n'eft que
de fon aveu qu'il peut devenir fon organe.

§. III. *De la Puiffance Législative.*

C'EST par les Loix que le Souverain exprime
la volonté générale. Ainfi le pouvoir légiflatif
eft de l'effence de la Souveraineté. Lorfque les
Loix tendent au bien-être & à la sûreté de la
Société, elles doivent être regardées comme
l'expreffion du vœu de tous; mais lorfque le Souverain dans fes Loix ne confulte que fes propres
defirs, fes intérêts, fes paffions, elles ne font
plus que les expreffions de fes volontés particulieres, & ne peuvent plus être appellées celles
de la Société : l'opinion, la force & l'habitude
peuvent bien la faire plier fous fes ordres; mais
jamais la raifon ne les regardera comme de vraies
Loix; ce nom n'appartient qu'aux volontés qui
obligent ou lient la Société ; elle ne peut être
liée que par des regles conformes au but de l'affociation ; fans cela on feroit réduit à fuppofer
que la Société, en fe foumettant à l'autorité
fouveraine, renonce à fa nature, & confent à fe
priver du bonheur.

§. IV. *De la Puiffance Exécutrice.*

VAINEMENT la Société donneroit-elle à
l'autorité fouveraine le droit de faire des Loix,
fi elle ne lui donnoit en même tems la force de

les faire exécuter: cette force s'appelle *Puiſſance Exécutrice*. Elle eſt la faculté d'employer les forces de la Société pour obliger tous ſes membres à ſuivre ſes volontés exprimées par la Loi. Les paſſions des hommes révoltent ſouvent leurs volontés particulieres contre les volontés générales, pour peu qu'ils les jugent oppoſées à leurs intérêts préſents & perſonnels. Le bien général ne ſe montre jamais que dans le lointain, à des êtres ſouvent égarés par l'ignorance & leurs paſſions momentanées. Il n'y a que l'expérience, le jugement & la réflexion, en un mot, la raiſon qui puiſſe leur faire ſentir que leur bien-être réel dépend de la conſervation & du bien-être du tout dont ils font partie. La Loi eſt la raiſon publique oppoſée à la déraiſon particuliere. La puiſſance exécutrice eſt la force publique qui., dans chaque ſyſtême politique, oblige les forces particulieres à ſe porter vers le centre commun, où réſide le bonheur & le maintien de tout. Ces deux pouvoirs réunis conſtituent la plénitude de la Souveraineté.

§. V. *Des Loix Fondamentales.*

INDEPENDAMMENT des limites générales & naturelles que tous les Souverains ſont forcés de reſpecter dans l'exercice de leur pouvoir, il eſt des Sociétés qui ont encore impoſé des bornes plus particulieres à l'autorité de leurs chefs. Ceux-ci ſont obligés de s'y ſoumettre, parce qu'elles ſont l'expreſſion évidente de la volonté des peuples. Ces limites, connues ſous le nom de *Loix Fondamentales*, obligent le Souverain à gouverner d'une maniere déterminée, à obſerver

des formes ou regles invariables dans l'adminiſtration de l'Etat, dans la légiſlation, dans l'exécution des Loix, dans l'emploi des forces de
l'Etat; elles fixent l'ordre de la ſucceſſion des
Souverains, les droits des différentes claſſes des
citoyens, le culte religieux, &c. De quelque
nature que ſoient ces Loix, elles ne peuvent
être abrogées que par la même autorité qui les a
établies; jamais une Société ne peut conférer à
ſes chefs le droit d'éluder ou d'anéantir les expreſſions authentiques de ſes volontés. La volonté qui a fait la Loi, eſt la ſeule qui puiſſe
l'abroger.

LES Loix fondamentales ne ſont point les
mêmes pour toutes les nations; elles varient en
raiſon des beſoins, des opinions, des mœurs,
des uſages, des préjugés ou des lumieres, en un
mot, des circonſtances particulieres à chaque
peuple. D'accord ſur le fond, je veux dire ſur
le deſir du bonheur, les Sociétés ne ſe ſont point
accordées ſur la forme ou ſur les voies que les
Souverains feroient obligés de ſuivre pour parvenir à ce but : ces limites ont dépendu du plus
ou du moins de confiance que les peuples pre-
noient en ceux à qui ils déféroient l'autorité ſuprême. Les nations qui avoient déja éprouvé
les abus inſéparables d'un pouvoir trop étendu,
rendues à elles-mêmes, ſongerent à lier plus fortement les mains des chefs dont la puiſſance pouvoit les opprimer : celles qui avoient éprouvé
d'une façon moins douloureuſe les abus de l'autorité, ne ſentirent pas ſi vivement la néceſſité
de la contenir ; elles ne ſtipulerent point ſi ex-
preſſément avec leurs Monarques. Une nation

belliqueufe, confidérant l'incertitude des événemens de la guerre, laiffa communément à fes chefs, un pouvoir prefque fans bornes ; elle crut devoir leur permettre de faire tout ce que leurs lumieres & leur prudence pouvoient leur fuggérer ; l'importance de la promptitude & du fecret dans les réfolutions, fit qu'on les exempta de formes trop longues & trop gênantes, & de l'embarras de confulter à chaque inftant la nation fur le choix des moyens néceffaires pour la conduire à fon but : ainfi on leur laiffa une autorité plus étendue ; en un mot, on les rendit maîtres des détails de l'adminiftration.

§. VI. *De la Souveraineté héréditaire.*

Des peuples fubjugués par la force, ou féduits par la reconnoiffance qu'excitoient en eux les bienfaits de quelques-uns de leurs Souverains, ont tranfmis à leurs defcendans le droit de régner fur eux. Telle eft l'origine de la Souveraineté *Héréditaire.* Par cette difpofition, la naiffance feule, fans nouveau choix de la part de la nation, confere le droit de commander. Les Sociétés où cet ufage fe maintient du confentement des peuples, femblent s'être propofé d'éviter les défordres auxquels expofe l'ambition des compétiteurs puiffants, qui prefque toujours fe difputent le droit de régner fur leurs concitoyens. C'eft en effet ce qui arrive communément dans les nations où le Souverain ne peut être remplacé que par une nouvelle élection. Si dans les monarchies héréditaires la nation eft expofée à voir fouvent paffer les rênes du gouvernement en des mains incapables de les porter, dans les monarchies électives elle eſt à chaque changement obligée de payer de ſon ſang les nouveaux maîtres qu'elle ſe donne.

§. VII. *De la Souveraineté illimitée.*

QUELQUES nations ont accordé la puiſſance légiſlative dans toute ſon étendue à leurs Souverains ; d'autres ont partagé ce pouvoir, ſe réſervant à elles-mêmes ou à leurs repréſentans, la faculté de concourir à la Loi, de l'accepter ou de la rejetter, de la modifier ou de la changer, de l'examiner, en un mot, d'en peſer les avantages & les déſavantages. D'autres peuples ont réuni dans les mains de leurs chefs le pouvoir légiſlatif avec celui de faire exécuter les Loix qu'ils auroient faites, ce qui conſtitue la plénitude de la Souveraineté, ou, ſi l'on veut, le *pouvoir abſolu.* D'autres ont eu la précaution de ſéparer ces deux pouvoirs, de les remettre en des mains différentes qui puſſent ſe balancer mutuellement pour la ſureté de la liberté nationale. Mais ſoit que les peuples aient, par des Loix expreſſes, limité le pouvoir de leurs Souverains; ſoit que les circonſtances leur aient fait négliger les limites qu'ils pouvoient leur impoſer; ni la force, ni la longueur du tems, ni l'habitude n'ont pu les priver de la faculté de revenir ſur leurs pas, & de rectifier d'après leurs beſoins & leurs circonſtances actuelles, l'imprudence de leurs démarches antérieures. La Société demeure toujours maîtreſſe de fixer des regles à ceux qu'elle charge d'exercer ſon autorité; elle peut toujours leur tracer la maniere dont elle veut être gouvernée; ce droit réſide éternellement en elle ; le tems ne peut point le prescrire, la force ne peut point l'arracher, l'enthousiasme ne peut point l'aliéner.

Si l'on doutoit de cette vérité, que l'on nous dise pourquoi dans les contrées mêmes où les Souverains s'arrogent le pouvoir le plus indépendant, ne se dispensent-ils jamais en montant sur le trône, de s'assûrer par quelques formalités de l'obéissance & du consentement de leurs sujets ? Les despotes les plus absolus, dans leurs démêlés avec leurs concurrents, ne sont-ils pas forcés d'en appeller en dernier ressort à la décision de ces mêmes peuples qu'ils ont souvent outragés, mais qu'ils reconnoissent alors pour les vrais juges de leurs droits?

De quelque maniere que le pouvoir souverain soit distribué, la somme totale en est toujours illimitée. S'il parle au nom de la Société, dont le pouvoir ne connoît point de bornes, il doit avoir le droit d'employer toutes ses forces pour faire exécuter ses volontés par tous ses membres. Ainsi la plénitude de la souveraineté confere le droit de forcer tous les citoyens à se conformer aux loix qu'elle a faites ou qu'elle approuve. Obliger les hommes d'obéir à la loi, c'est les obliger d'obéir à la raison publique qui ne peut vouloir que ce qui convient à la nature de la Société & aux circonstances où elle se trouve. Lorsque le Souverain commande conformément à la loi, ses ordres doivent être absolus; la loi doit être despotique, mais le Souverain ne doit jamais être despote. La volonté d'une Société équitable n'est point faite pour trouver de résistance dans aucun de ses membres.

§. VIII.

§. VIII. *Limites naturelles de la Souveraineté.*

Ces principes incontestables suffisent pour nous faire connoître l'étendue des droits de la Souveraineté; lorsqu'ils sont rassemblés, ils sont les mêmes que ceux de la Nation entiere. Tant que le Souverain gouverne de son aveu, tant qu'il est l'organe fidele de ses volontés, ses Loix sont sacrées pour tous ses Sujets ; lorsque ses Loix sont nuisibles ou contraires au vœu de la Nation, elle a le droit de les démentir, de révoquer ses pouvoirs & de s'opposer à la prévarication. Quelques soient les conditions primitives sous lesquelles une Nation s'est soumise, quelques soient les obstacles qui l'ont empêché de stipuler dans l'origine, quelque soit la violence qui a étouffé sa voix par la suite, rien ne peut la priver du droit de faire connoître ses desirs. La volonté de la Société est toujours la loi suprême pour le Souverain comme pour le Sujet; elle est la mesure invariable du pouvoir de l'un & de l'obéissance de l'autre : elle est le lien commun qui unit la Nation à ses Chefs, & ceux-ci à la Nation. Ce lien est réciproque; & lorsque le Souverain le brise, ses Sujets ne peuvent plus être liés.

Quelqu'ait été l'autorité qu'une Société ait consenti à mettre sur sa tête lorsque son choix fut libre, elle ne prétendit jamais se soumettre à une volonté injuste, capricieuse, déraisonnable, elle voulut être heuréuse : si elle se priva de l'exercice de ses droits, ce fut pour les remettre entre des mains qui pussent l'en faire jouir plus sûrement; ce fut pour simplifier une machine qui, devenue trop compliquée par les efforts opposés

G

de chacune de ſes parties, couroit riſque de s'arrêter ou d'être à chaque inſtant dérangée dans ſes mouvements : le bonheur, la ſûreté, la conſervation furent toujours ſon but : en cherchant à mettre ſes membres à couvert de leurs paſſions réciproques, elle n'eut jamais le deſſein de les livrer ſaus défenſe à un pouvoir terrible qui, dépoſitaire de toutes ſes forces, devenoit très-dangereux. Elle s'engagea à obéir, mais ce fut pour ſon bien, ce fut à des volontés juſtes : ce fut à des loix fondées ſur ſa Nature & conformes à ſon bien-être.

TELLES ſont les conditions invariables de ce paĉte primitif que toutes les Sociétés ont fait avec leurs Chefs. Que la flatterie n'appelle point *tacite*, un paĉte que la Nature proclame à haute voix ; que la Tyrannie ne traite point de chimérique, ce titre primordial des Nations : il eſt gravé pour toujours dans les cœurs de tous les hommes ; la raiſon le fait lire à tous ceux qu'elle éclaire : ces archives ſacrées, à couvert des injures des âges, de la violence & de l'impoſture ſe conſerveront éternellement.

§. IX. *Preuves de ces limites.*

Si ce fut une famille qui fournit le modele du Gouvernement Royal, la Société voulut être gouvernée comme une famille : un pere commanda donc à ſes enfants, il s'engagea de les défendre ; ſon expérience, ſes lumieres, ſa raiſon plus exercée le mirent à portée de prévoir & de prévenir les périls qui les menaçoient ; il dut leur ôter les moyens de ſe nuire ; il dut les exciter à

la bienveillance, récompenfer leurs vertus, &
punir leurs excès. En un mot, la Nation en fe
foumettant à un Roi, voulut être adminiftrée
fur le plan œconomique d'une famille heureufe,
objet de la tendreffe & des foins de fon Chef.

Si les Nations éprifes des vertus, frappées
des talents, reconnoiffantes des bienfaits de quelques-uns de leurs Citoyens, leur ont volontai-
rement déféré le Pouvoir Souverain, cet acte
ne prouve-t-il pas que ce fut à la vertu qu'elles
rendirent hommage, que ce fut à la raifon qu'elles voulurent fe foumettre, que ce fut à la bien-
faifance qu'elles defirerent de s'enchaîner ? Si
dans la chaleur de l'enthoufiafme, elles ne ftipu-
lerent point expreffement des conditions avec
leurs Maîtres, dira-t-on que les fucceffeurs de
ceux qu'elles avoient choifis pour leurs vertus
ou leurs lumieres, furent difpenfés d'en montrer
aucunes ? La bonté des premiers feroit-elle devenue aux autres un titre pour nuire ou pour
être inutiles ?

Quand l'efpoir d'être protégé raffembla des
hommes timides fous les ordres d'un Chef vail-
lant, expérimenté, ces qualités lui donnerent-
elles le droit d'opprimer fes femblables ? La Société voulut-elle que ceux qu'elle choififfoit pour
fa défenfe, devinffent fes oppreffeurs, & lui
fiffent éprouver les maux dont elle vouloit fe
garantir ? Fallut-il qu'elle impofât la loi de la
protéger, à des hommes que le motif de fa propre fûreté l'engageoit à prendre pour Chefs &
que leurs talents lui rendoient néceffaires ?

Quand les Peuples reçurent des Loix de ces

perfonnages fameux qui leur parlerent au nom de la Divinité, ils crurent, fans doute, que ces légiflateurs illuminés alloient les rendre plus heureux ; ils préfumerent que des Loix defcendues du ciel, feroient plus fages que celles des hommes & ne pouvoient manquer de les conduire à la félicité. On ne put pas, fans outrager la Divinité, dire à ces Peuples qu'elle prétendoit que les Souverains euffent le droit de les rendre malheureux ou de les gouverner d'une façon injufte & tyrannique. Quelqu'origine que l'on donne à l'Autorité Souveraine, foit qu'on la fuppofe émanée du Ciel, foit qu'on la regarde comme fondée fur le confentement des hommes, elle dut avoir toujours l'équité pour bafe & le bien de la Société pour objet. Si les Nations ne firent aucun traité avec les Maîtres que la Providence étoit cenfée leur donner, c'eft parce qu'elles préfumerent qu'un Souverain du choix de Dieu même, ne pouvoit les gouverner qu'avec juftice & pour leur plus grand bien.

§. X. *Objections levées.*

On nous dira peut-être que la plupart des Gouvernemens fe font établis par la violence, par les armes, par la conquête ; que les Nations, fubjuguées par des guerriers ou par des brigands heureux, ont été forcées de recevoir des Loix telles qu'ils voulurent les impofer ; que contens de fauver leurs vies & une partie de leurs biens, ces Peuples renoncerent à leur liberté, à leur volonté, à leurs Loix, & ne purent propofer des conditions à des vainqueurs farouches, peu difpofés à y foufcrire & affez puiffants pour fe faire obéir, quelque fût leur volonté. L'on ne peut nier que la force, la guerre & le défordre n'aient établi la plupart des Empires que nous voyons fur la terre ; mais ces excès purent-ils jamais donner des titres légitimes ? Le droit de conquête, fur lequel tant de Souverains fondent leur pouvoir abfolu, eft-il donc un droit mieux fondé, que celui des voleurs & des affaffins ? Si les Loix de la Nature font méconnues ou réduites au filence dans le tumulte de la conquête, elles ne font pour cela ni fufpendues ni abrogées. Le pouvoir n'eft légitime, que par le confentement fubféquent de la Société fubjuguée. Le conquérant devenu le maître commande-t-il toujours à des ennemis ? Oui, dira-t-on peut-être ; mais dans ce cas les Peuples n'ont-ils point le droit de le traiter en ennemi, de fe défendre contre lui, de le détruire lui-même ? Commande-t-il à des Sujets ? Il doit les rendre heureux. Si la conquête eft un titre, la violence en eft un, fans doute, & la force feule décidera du fort des Nations. Mais quel homme peut fe flatter d'être toujours plus fort qu'une Nation entiere ? Quel vainqueur réfiftera à l'adreffe, à la rufe qui fuppléent fi fouvent à la puiffance ? Si la conquête ainfi que l'ufurpation, donnent des droits, ils demeurent incertains dans l'efprit même du Conquérant ; la fureur de la conquête une fois calmée, s'il confulte fon propre intérêt, il fentira qu'il commande à une Société toujours plus forte que lui, & qui ne peut renoncer à l'ufage de fon pouvoir & de fes droits Naturels, qu'en faveur des avantages qu'elle attend de fa foumiffion. La force ne donne jamais des droits que la force ou la rufe ne puiffent également détruire.

G 3

§. XI. *Le Consentement de la Nation fait le Souverain légitime.*

Ainsi de quelque source que l'on fasse dériver le pouvoir primitif des Souverains, il n'y eut que le consentement de la Société qui pût le rendre légitime ; elle ne l'accorda jamais gratuitement ; ce fut toujours pour son bien qu'elle renonça à son indépendance, à l'inimitié qu'elle dut avoir d'abord pour son aggresseur. Le devoir & l'intérêt de ses Chefs fut de la rendre heureuse. Soit que les Nations aient fixé par des loix connues les bornes du pouvoir de leurs chefs, soit que leur foiblesse les ait empêché de régler par des actes authentiques les droits qu'elles leur abandonnoient & ceux qu'elles réservoient pour elles-memes, jamais elles ne purent déroger aux Loix de leur Nature ; jamais elles ne purent dispenser leurs Souverains des Loix de l'équité ; jamais elles ne purent renoncer au bonheur, penchant le plus nécessaire de tous les êtres intelligents. Que dis je ? Si quelquefois dans la chaleur des passions, des Peuples avoient renoncé par des actes solemnels aux droits de leur Nature ; si par un excès d'amour ou de confiance ; ils avoient conferé à leurs Monarques le pouvoir le plus illimité, ces démarches dictées par la ferveur de l'enthousiasme ne peuvent donner au Souverain le droit de les opprimer ; jamais des êtres raisonnables n'ont pu ni voulu accorder à leurs Chefs, la faculté de les rendre misérables.

§. XII. *De la Théocratie.*

Si la Nature, l'équité, la religion s'opposent à l'abus du pouvoir ; si le bon sens reclame hautement en faveur des Nations, quel orgueil affez infenfé dans leurs Chefs a pu leur perfuader que les Peuples une fois foumis avoient perdu le droit de jamais exprimer leurs volontés? Quelle préfomption a pu faire croire à un foible mortel qu'il avoit affez de vertus, de talens, de génie pour gouverner par fa volonté abfolue des Peuples nombreux, pour veiller aux befoins d'une Nation étendue, pour donner des Loix toujours utiles & infaillibles à fes Sujets? Quelle yvreffe a pu les empêcher d'entendre la voix de la Nature & de la raifon qui leur annoncent que leurs engagements avec les Peuples font réciproques, & qu'en refufant de les remplir, ils invitoient ces Peuples à y manquer à leur tour.

CÉPENDANT des vérités fi fenfibles ont été prefque toujours méconnues, & des Souverains, & des Peuples. Si les premiers fe font crus en droit d'abufer de leur pouvoir, leurs Sujets, par un étrange aveuglement, font parvenus à fe perfuader que tout étoit permis à leurs Chefs, & qu'en fe foumettant à eux, il ne leur reftoit pas même le droit de fe plaindre de leurs injufti-ces les plus criantes & de leur tyrannie la plus avérée. Par quels preftiges, des Nations entie-res ont-elles pu s'avilir au point de croire qu'elles étoient faites pour être les jouets des paffions de leurs Souverains? Comment ont-elles adopté des notions fi contraires à leurs intérêts? Il n'eft qu'une caufe dans le monde capable de produire des effets fi bizarres; c'eft la fuperftition, tou-jours en contradiction avec la Nature. Elle fortha les Dieux fur le modele des Monarques corrompus, elle transforma enfuite ces Monarques en Dieu. Dans preſque toutes les contrées du monde, le ſacerdoce occupa le trône. Les Miniſtres de la Divinité partagerent avec elle, les hommages & les reſpects de la terre. Repréſentans viſibles des étres inviſibles, de qui les mortels faiſoient dépendre leurs deſtinées, il fut un tems où les Prêtres furent dans tous les climats les Souverains, les Légiſlateurs & les Oracles des Nations. Ce Gouvernement ſacerdotal fut nommé *Théocratie*. Les Dieux furent cenſés gouverner eux-mêmes, tant que leurs miniſtres regnerent ſur les hommes.

§. XIII. *Abus de ce Gouvernement.*

PAR une ſuite néceſſaire d'un pouvoir illimité, le ſacerdoce en abuſa. Endormi au ſein de la molleſſe, de la grandeur, de l'opulence, il fut obligé de ſouffrir que l'ambition des guerriers ou la volonté des Peuples arrachât de ſes mains un pouvoir devenu trop indolent ou trop incommode. Des Nations belliqueuſes ne purent longtems s'accommoder des Souverains que leurs fonctions paiſibles, leur inactivité, leur inexpérience éloignoient des combats ; il leur fallut des Chefs plus agiſſants, elles choiſirent donc de nouveaux Rois. Obligé de céder à la force & dépouillé de la puiſſance ſuprême, le Sacerdoce voulut au moins retenir une portion de l'autorité & de l'indépendance dont il avoit joui. Tantôt il intimida, tantôt il flatta les Souverains. Preſque toujours il oſa tout impunément. Cet ordre, reſpecté par les Peuples, en impoſa à leurs Chefs. En un mot, ſoit par audace, ſoit par ruſe, il prit de l'aſcendant ſur les Princes. Il excita leur orgueil, il alimenta leur ambition, il travailla sur-tout à rendre leur autorité sacrée, à condition néanmoins de la partager avec eux Parvenu à ses fins, il perſuada aux Peuples que le pouvoir que leurs Chefs tenoient, ſoit de la force, ſoit du conſentement des hommes, étoit une émanation de la puiſſance ſuprême qui gouverne l'univers. Ainſi les droits des Souverains ſe changerent en des *Droits divins* ; leur autorité fut irrévocable, & leurs actions furent ſouſtraites au tribunal des Nations : ces Nations aveuglées adopterent ces idées ſurnaturelles, & ſur la foi de leurs guides religieux, eurent pour leurs Chefs une vénération auſſi profonde, une ſoumiſſion auſſi peu raiſonnée que pour les Dieux dont elles les crurent les images. Ainſi les Rois devinrent des Dieux, ils ne furent plus comptables de leurs actions à leurs Sujets : la Société dégradée, avilie, anéantie, perdit tous ſes droits ; elle fut éclipſée par la majeſté du trône : ſoumiſe ſans reſerve aux volontés de ſes Maîtres les plus déraiſonnables, elle ſe crut deſtinée par le ciel à ne travailler que pour eux : elle ſe perſuada que l'oiſiveté, le faſte, la licence, le droit d'opprimer & d'être injuſte étoient leur partage ; & que le travail, l'abjection & l'eſclavage étoient le ſort réſervé pour elle-même ; elle vit le Très-Haut dans ſes Tyrans les plus pervers ; elle n'oſa plus lever ſur eux ſes regards, &, proſternée dans la pouſſiere, elle attendit leurs decrets en ſilence.

Telle fut la vraie ſource de la corruption des Rois & de l'aviliſſement des Peuples. Le Souverain fut tout, ſa Nation ne fut plus rien :

la volonté publique difparut , celle d'un feul devint la Loi. Ainfi naquirent le Defpotifme , le Pouvoir arbitraire & la Tyrannie : en un mot , le Gouvernement dégénéra en un abus honteux du pouvoir , contre lequel les Nations fubjuguées n'eurent plus la liberté de réclamer. La Royauté devint un myftere. Un feul homme dans chaque Société fut l'objet des foins , des travaux , des regards de tous ; fes caprices furent appellés des Loix ; fa force lui tint lieu de droits ; la foibleffe & la lâcheté des Peuples pafferent pour des confentemens ; & fur les ruines de la félicité publique, on érigea un trône aux paffions , aux fantaifies , à l'orgueil du Monarque divinifé.

§. XIV. *La Licence ne peut être autorifée par la Divinité.*

E N fuppofant la vérité des principes merveilleux fur lefquels fe fondent ces prétentions faftutufes : en confentant pour un moment à regarder les Rois comme les images de la Divinité , que pourra-t-on en conclure ? Sera-ce des Dieux méchants , cruels , injuftes , malfaifants , en un mot , des Démons qu'ils devront repréfenter ? S'il eft un lien fecret qui uniffe les créatures au Créateur , c'eft , fans doute , l'efpérance des biens qu'elles en attendent. S'il exifte une Providence occupée des mortels , fi elle leur a donné des Loix , fi Dieu lui-même s'eft foumis à des devoirs , à des regles envers l'homme, Dieu eft lié par fes promeffes , il doit des récompenfes pour les vertus qu'il ordonne ; il ne peut punir que ceux qui violent fes décrets. La bonté , la juftice divine font les feuls liens qui uniffent l'homme à son Dieu. Mais si tout est permis aux Monarques, s'ils ne doivent rien à leurs Sujets, s'ils sont dispensés des Loix de l'équité, de la raison, de la bienfaisance, ne se mettent-ils pas au-dessus de la Divinité-même qu'ils disent représenter ?

AINSI, même en accordant une origine céleste à l'Autorité Souveraine, dès que l'on suppose dans le Monarque de la Nature, bonté, justice & raison, l'on est en droit d'exiger ces qualités de ceux qui se vantent de tenir leur pouvoir de ses mains. Dira-t-on qu'un Dieu que l'on appelle bon, parce qu'on lui suppose de la tendresse pour les hommes, veut être représenté sous les traits d'un Tyran ? Peut-il approuver qu'un homme, lorsque ses passions le changent en un bête féroce, ait le droit exclusif de dévorer ses semblables ? Ce Dieu consent-il qu'un mortel, qui réellement ne diffère en rien des autres, viole suivant ses caprices les Loix qui maintiennent l'existence de ses créatures ? A-t-il résolu dans ses décrets éternels qu'un seul membre de chaque Société profitât du travail de tous les autres, ne s'occupât que de son propre bonheur, & rendît à son gré le plus grand nombre malheureux ? Les ministres de la Religion sont en contradiction avec leurs propres principes, lorsqu'ils s'efforcent de rendre sacrée, l'autorité des Tyrans, & de mettre leur personne sous la sauve-garde du ciel.

§. XV. *Du Droit Divin*

CEUX qui fondent le pouvoir des Rois sur la volonté divine, ou qui affectent de paroître le plus persuadés des *Droits Divins* de leurs Souverains, ne laissent pas de contredire par leur conduite ces spéculations merveilleuses. N'est-ce pas en effet un attentat sacrilege, une contradiction évidente, que de suspendre l'obéissance à des ordres émanés d'un maître établi par la Divinité même ? N'y a-t-il pas de la témérité à résister à un Monarque qui est l'image du Très-Haut ? La soumission la plus abjecte & la moins raisonnée devroit être la suite nécessaire d'un principe si merveilleux ; les vils esclaves de l'Asie qui, sans murmure, se soumettent aux fantaisies de leurs Sultans Despotiques, & qui reçoivent avec joie la mort même de leurs mains, sont, sans doute, plus conséquents, que des Prêtres Européens qui, convaincus du droit divin de leurs Monarques, ne laissent pas de résister à leurs ordres, ou que des Magistrats qui ont la témérité de leur faire des représentations ?

Le bon sens nous prouvera toujours que, de quelque maniere que le Gouvernement se soit établi, les Souverains demeurent soumis à des regles suffisamment indiquées par l'intérêt de la Société qui doit être pour eux la Loi suprême : il ne leur est point permis de substituer leurs volontés à cette Loi, ni leur intérêt personnel à l'intérêt général. Ainsi tout conspire à montrer que le pouvoir absolu est un délire ; que le Despotisme & la Tyrannie, ainsi que l'Anarchie, ne peuvent être appellés des Gouvernements ; que les Despotes & les Tyrans, sont des usurpateurs, des voleurs, des brigands. Tout Gouvernement suppose des rapports entre celui qui gouverne & ceux qui sont gouvernés ; les devoirs des uns & des autres sont les résultats de ces rapports expliqués par les Loix, qui feules conferent des droits, parce qu'elles font l'expreffion de la volonté de tous : or tous veulent l'ordre, parce que c'eft de l'ordre que réfulte le bonheur ; un pouvoir fans bornes ne peut être qu'un défordre.

§. X V I. *La poffeffion ne peut légitimer l'abus du Pouvoir.*

VAINEMENT les fauteurs du pouvoir arbitraire fondroient-ils leurs droits fur une poffeffion antique & non interrompue, fur le filence des Peuples, fur un exercice non difputé pendant un grand nombre de fiecles ; fur des prérogatives accordées par le corps même de la Nation : la violence, l'oppreffion, la crainte, la crédulité, les préjugés, l'imprudence parviennent fouvent à engourdir les peuples, à fafciner leur entendement, à brifer en eux le reffort de la Nature. L'ignorance rendra toujours les hommes lâches, efclaves & malheureux. Mais lorfque des circonftances favorables ouvrent les yeux des Peuples, lorfqu'ils entendent la voix de la raifon, que dis-je ? lorfque la néceffité les force de fortir de leur léthargie, ils rougiffent de leurs foibleffes & de leur aveuglement. Ils voient alors que les droits prétendus de leurs Tyrans ne font que des effets de l'injuftice, de la force, de la féduction, qui jamais n'ont pu détruire les droits éternels de l'homme. C'eft alors que les Nations rappellées à leur dignité, fe fouviennent que ce font elles-mêmes qui ont établi l'autorité : qu'elles ne fe font foumifes que pour fe rendre plus heureufes : que la Loi n'eft faite que pour repréfenter leurs volontés, & que lorfque le pouvoir fouverain s'écarte de leur plan, elles rentrent dans leur indépendance primitive & peuvent révoquer des pouvoirs dont on abufe indignement.

EN un mot, fi, comme on n'en peut douter, l'Autorité Souveraine n'a réellement pour bafe que le confentement des Peuples, les Peuples n'ont jamais pu confentir qu'un feul ou que plufieurs Citoyens euffent irrévocablement le droit de rendre tous les autres malheureux. Si l'Autorité Souveraine fe fonde fur la conquéte, c'eft à-dire fur une force injufte, tout Citoyen audacieux pourroit légitimement s'en emparer, ou tout Citoyen courageux feroit en droit de la détruire dès qu'il en auroit le moyen. Si cette autorité eft émanée d'un Dieu jufte, & qui veut le bien-être des hommes, ce n'eft qu'en exerçant la juftice & en procurant des avantages à la Société, que les Souverains entreront dans fes vues ; en la rendant malheureufe ils établiroient leur pouvoir fur la volonté d'un être malfaifant qui fe plairoit à voir les humains dans l'infortune & à jouir de leurs douleurs, difpofitions que, fans blafphéme on ne peut attribuer à la Divinité, dans laquelle on ne doit fuppofer ni malice ni cruauté.

§. XVII. *Nation repréfentée.*

AINSI, foit que le confentement des Peuples, foit que la conquête, foit que la Divinité aient établi le pouvoir d'un Souverain, foit que les Nations lui aient accordé la plus grande étendue, foit qu'elles l'aient refferré par des Loix expreffes, il refte toujours dans le corps de la Nation, une volonté suprême, un caractere indélébile, un droit inaliénable, un droit antérieur à tous les autres droits. Mais, dira-t-on, qu'est-ce que la Nation ? C'est le plus grand nombre des individus qui composent une Société. Comment réuniront-ils leurs volontés pour exprimer leurs intentions ? Ce sera par ses *Représentans* ; si elle n'en a point, ses volontés n'en seront pas moins sensibles aux yeux de tout bon citoyen : si la Nation est gouvernée avec justice, si elle jouit de la sûreté, si ses terres sont bien cultivées, si les possessions sont invariablement assurées à leurs propriétaires, si la Loi seule a droit de punir & de borner la liberté ; si les besoins naturels du plus grand nombre sont satisfaits, les vœux de la Société sont remplis, elle n'a rien de plus à prétendre. Le plus grand nombre est-il privé des avantages de la Nature ? La personne & les possessions des Citoyens sont-elles à la merci de l'injustice & de l'oppression ? Vivent-ils dans l'indigence & la misere ? Leurs champs sont-ils incultes & abandonnés ? Le Gouvernement néglige-t-il de les proteger ? alors la Société malheureuse dans le plus grand nombre de ses membres, est évidemment mécontente ; il suffit donc d'ouvrir les yeux pour juger de son vœu : elle ne peut approuver un état violent & contraire au but de l'association, alors si le Souverain refuse de l'entendre ou de remédier à ses peines, il ne mérite plus de commander ; s'il est privé de son pouvoir, la Société lui rend justice ; elle ne fait qu'user de ses droits, antérieurs à ceux des Chefs qu'elle avoit choisis pour la guider vers le bonheur.

§. XVIII. *Dangers des troubles.*

La Société est dans un état de maladie, lorsqu'elle est mal gouvernée ; elle est alors en droit de chercher des remedes ; mais pour son intérêt, elle ne doit recourir qu'à ceux qui ne sont point nuisibles à elle-même. En Politique comme en médecine, les remedes violents sont toujours dangereux, on ne doit les employer que lorsque l'excès des maux les rendent absolument nécessaires. Il est donc à propos de temporiser avec le mal, tant qu'il est supportable, de laisser quelque chose à faire au tems & à la Nature. L'expérience nous montre en effet que rien n'est plus funeste que les remedes que l'imprudence, la précipitation ou la passion appliquent trop communément aux maux des Nations. Les Etats périssent souvent des ébranlements trop vifs que leur donnent les crises dont ils espéroient le retour de la santé. Un Peuple doit supporter ses maux toutes les fois qu'il lui en coûteroit trop de sang pour les guérir. Il est sage de vivre avec des infirmités que l'on ne pourroit détruire sans accélerer sa propre destruction. Une Nation, comme un individu, a reçu de la Nature le droit inaliénable de se défendre contre un ennemi ; elle peut, sans doute, se soulever contre le Tyran qui l'opprime ; mais tous deux sont imprudents & aveugles, lorsque, pour se défaire de l'ennemi, ils s'exposent à se priver de la vie. Il faut consentir à souffrir, dès qu'il peut résulter de plus grands inconvénients du remede, que du mal même.

Ces vérités sont senties par instinct dans presque toutes les Sociétés : malgré leur amour du
bien

bien-être & leur répugnance pour le mal, la crainte de plus grands maux les retient dans l'inertie. Si la raison guidoit les hommes, si les volontés des Citoyens pouvoient se réunir, si l'enthousiasme politique ne les aveugloit souvent, rien ne seroit plus facile que d'écarter les maux à mesure que la Société les ressent ; mais ce sont toujours des passions qui s'opposent à des passions. Dès que l'imagination se peint & s'exagere ses malheurs, les hommes se réveillent comme en sursaut ; leur fureur allumée ne connoît point de bornes, & dans leur aveuglement ils ne font souvent que redoubler le poids de leurs infortunes. Ainsi la Tyrannie succede à la Tyrannie, le Despotisme passager est suivi de l'Anarchie ou d'un Despotisme encore plus cruel. Un Sultan étranglé aura pour successeur un Sultan encore plus digne de l'être. Charles I. perd le trône & la vie pour expier des fautes exagérées par des fanatiques ; l'Angleterre tombe dans les fers d'un hypocrite ambitieux qui, sous prétexte de la protéger, se sert des fureurs d'un petit nombre d'insensés pour établir sans obstacle sa propre Tyrannie.

Dans les révolutions, les hommes guidés par fureur ne consultent jamais la raison ; leur imagination exaltée fait qu'ils portent tout à l'excès, & n'envisagent que le moment. Aveuglés par les ambitieux, par des fanatiques ou par des charlatans politiques, pour guérir un mal léger que la raison eût montré nécessaire, ou que le tems eût aisément fait disparoître, les Peuples se font souvent des plaies profondes qui finissent par entraîner la ruine du Corps Politique ou par l'affoiblir sans fruit.

H

Il n'en feroit pas de même, fi la Société étoi
affez éclairée ou de fang froid, pour travailler
avec prudence à fa guérifon, ou fi guidée par
des hommes vertueux, elle cherchoit les remede:
les plus convenables à fes maux : fans tumulte,
elle réprimeroit alors des Chefs devenus injuftes
elle établiroit fa fûreté ; elle rentreroit en poffeffion du pouvoir dont on auroit abufé contre
elle & qu'elle n'eût pas fongé à reprendre, fi en
temporifant elle n'eût mis fon exiftence en
danger.

§. XIX. *La Société eft toujours maîtreffe de la*
Souveraineté.

Si la Nation feule a droit de conférer le pouvoir fuprême, elle feule a droit de le reprendre.
Le Citoyen eft un ufurpateur, dès qu'il veut juger pour elle. Si c'eft un crime d'ôter la vie à
fon femblable, c'eft un attentat bien plus criminel encore, d'arracher la vie à ceux qui gouvernent ; c'eft une témérité facrilege, d'expofer une
Nation par une vengeance qu'elle n'a point
avouée, à des maux fouvent plus cruels que ceux
qu'elle éprouve. Le Citoyen doit fupporter avec
la Patrie les maux qu'elle éprouve en filence &
facrifier à fon repos ceux qu'il endure tout feul.
Il doit ou fuir ou refter tranquille, tant qu'il eft
feul à fe plaindre : il doit fe joindre à tous lorfque
tous fe plaignent.

Il eft, fans doute, honteux pour le genre
humain d'avoir prefque toujours méconnu des
vérités fi frappantes. C'eft à cet aveuglement
que l'on peut attribuer une foule de maux que

les Gouvernemens ont faits aux hommes. Les Souverains des Nations, deftinés par elles à les conferver, à les maintenir dans une exiftence heureufe, ont communément employé les forces qu'elles leur avoient confiées, pour les priver de la liberté, de la propriété, de l'ufage de la rai- fon, & les foumettre à des Loix qui n'étoient plus l'expreffion que des caprices & des fantaifies de ceux qui, fans aucun droit, les impofoient aux hommes. Delà naquirent l'efclavage & ces abus continués dont des Chefs ambitieux furent fe faire des titres que la force contraignit les Na- tions de reconnoître en frémiffant.

MAIS les principes qui viennent d'être établis fuffiront pour diftinguer les titres légitimes des titres ufurpés, ou pour apprécier les droits des Souverains. Ils font toujours les mêmes en tout pays, fous quelque nom que l'on défigne les Chefs de la Société : les noms ne changent rien à l'ef- fence des chofes.

AINSI qu'eft-ce qu'un Monarque ? C'eft un homme à qui fa Nation fuppofe les vertus, les talents, les qualités néceffaires pour lui procurer les avantages qu'elle eft en droit d'exiger. Un Roi eft un Citoyen choifi par fes Concitoyens pour parler & pour agir au nom de tous, pour être l'organe & l'exécuteur des volontés de tous, pour être le dépofitaire du pouvoir de tous. Sui- vant les conditions expreffes que les Nations leur ont impofées, les Rois les repréfentent en tout ou en partie. Lorfque leur pouvoir n'a point été limité, c'eft-à-dire, quand la Nation ne s'eft point expreffément réfervé quelque part dans la légiflation, l'autorité que le Monarque exerce peut être nommée *abfolue*. Mais lorfque la Nation par des conventions connues a ftipulé avec fon Monarque ou s'eft réfervé par des actes authentiques l'exercice d'une portion du pouvoir, la Souveraineté fe nomme Monarchie *Mixte*, *Limitée*, *Tempérée*. Dans l'un & l'autre de ces cas, le pouvoir du Monarque n'a pourtant dans la réalité que la même étendue. L'omiffion d'une formalité ne peut anéantir à jamais les droits de la Société. Aux yeux de l'équité, les Monarques à qui les Peuples n'ont impofé aucunes conditions, ne font pas plus en droit de les opprimer ou de leur nuire, que ceux dont ils ont le plus foigneufement limité l'autorité.

§. XX. *Queftions Naturelles.*

Un grand nombre d'Auteurs trompés par le fon des mots, ou dans la vue de flatter, ont cru que le titre de *Monarque abfolu* annonçoit un pouvoir qui ne connoiffoit d'autres bornes, que celles de fa propre volonté. Cette erreur propagée par l'intérêt des Courtifans, par l'ambition des Miniftres, a fait de la plupart des Rois, des êtres divins, myftérieux, inconcevables, dont les Nations aveuglées ne fe font plus permis d'examiner les droits. Subjuguées par la force, par l'habitude & par l'opinion, elles fe font cru engagées à fubir fans murmure le joug le plus accablant, le plus révoltant, le plus contraire à leur Nature, le plus oppofé au but de toute affociation.

Ces idées, comme on l'a vu, ont ouvert un champ fans bornes aux paffions des Rois, qui, par une pente naturelle à tous les hommes, s'occuperent uniquement de se rendre puissants, riches & heureux, & sacrifierent à l'agrandissement de leur pouvoir, le bonheur des Nations confiées à leurs soins. Ainsi les Sociétés ne trouverent souvent, que des ennemis & des oppresseurs dans ceux qu'elles avoient choisis pour être leurs défenseurs, leurs guides, & leurs peres; elles oublierent qu'elles ont une volonté; l'inhabitude de l'exprimer, en étouffa le ressort; & d'âges en âges une race de mortels malheureux transmit à sa postérité, ses infortunes & ses préjugés.

Pour détruire des erreurs dont les suites sont si funestes au genre humain, il suffit de rapprocher, en peu de mots, les principes qui viennent d'être établis. Simplifions-les encore, & que le bon sens résolve les problêmes qui vont être proposés.

1°. Un Roi cesse-t-il d'être un homme? Du moment qu'il est revêtu de la Puissance Souveraine, passe-t-il à une espece nouvelle? Devient-il un être d'un ordre plus sublime? Son rang le dispense-t-il des devoirs de la Nature Humaine?

2°. Y eut-il des Sociétés avant qu'il y eût des Monarques? Peut-il y avoir des Rois, sans qu'il existe des Nations? Un Souverain n'est-il pas membre de la Société qu'il gouverne? Est-il seul destiné à recueillir les fruits de l'association générale?

3°. Le tout doit-il céder à sa partie? La volonté d'un feul doit-elle l'emporter fur les volontés de tous ? Eft-il dans chaque Société, un être privilégié qui foit difpenfé d'être utile ? Le Souverain eft-il feul dégagé des liens qui uniffent tous les autres ? Un homme peut-il lier tous les autres, fans leur tenir lui-même par aucun lien ?

4°. En fuppofant l'Autorité Souveraine émanée de la Divinité, peut-on croire qu'un Dieu jufte ait deftiné des millions d'êtres de la même efpece, à contribuer gratuitement au bonheur d'un feul d'entre eux ? Le Ciel auroit-il condamné tous les Peuples de la terre au travail, à l'indigence, aux larmes, pour repaître la vanité, les fantaifies, l'ambition d'un petit nombre d'hommes ou de familles qui les gouvernent ?

5°. De quelle Nature peut être cette vertu divine communiquée aux Monarques, qui rend leur autorité irrévocable même aux yeux de ceux qui l'ont conférée ? Le Droit *Divin* prive-t-il une Nation du droit Naturel de fe défendre, de fe conferver, de repouffer tout ennemi qui l'attaque ? Dieu donne-t-il au Souverain, le droit exclufif de l'offenfer impunément ? Ote-t-il aux Nations le droit de veiller à leur fûreté & de fe garantir de leur perte ?

6°. La poffeffion d'un pouvoir injufte dans fon origine, maintenu par la force, fupporté par la foibleffe, eft-elle un titre que la juftice, la raifon & la force ne puiffent jamais détruire ?

7°. N'est-ce que pour commander, que les Monarques font faits ? N'eft-ce que pour obéir, que leurs Sujets font deftinés ? N'eft-ce en vue d'aucun profit, que les hommes ont renoncé à l'usage d'une partie de leur liberté, de leur propriété, de leurs forces? En se soumettant à l'un d'entre eux, ont-ils prétendu s'interdire à jamais tous les moyens légitimes de travailler à leur propre bonheur? Ont-ils voulu conférer à quelqu'un le droit de les rendre malheureux sans ressource?

8°. ENFIN supposera-t-on qu'une Nation ait prétendu que son sort dépendît du caprice d'un seul homme qui, par ses passions, ses foiblesses ou ses folies, pût à chaque instant la conduire à sa ruine, sans que jamais il lui fût permis de mettre obstacle à ses projets?

§. XXI. *Le pouvoir arbitraire est contre Nature.*

C'EST à des questions si simples, que peuvent se réduire toutes les disputes sur les droits réciproques des Souverains & des sujets. Lorsque les préjugés permettront à l'équité de se faire entendre, elle décidera sans balancer que la Société n'a pu choisir des Rois, ou consentir à se soumettre à une autorité quelconque, que dans la vue de se procurer par là des avantages qu'elle n'auroit pu obtenir autrement. Le bon sens nous criera qu'une Nation n'a jamais pu vouloir qu'un seul de ses membres fut heureux aux dépens de tous les autres. La voix de la Nature réclamera sans cesse pour les Peuples, lorsqu'une injuste oppression les retiendra sous un joug auquel la Nature Humaine ne peut pas consentir.

S'IL n'est point d'autorité légitime sans le

confentement des Peuples; fi les Nations ne peu⚫
vent fe foumettre qu'à des loix conformes à leur
Nature; enfin fi la Société ne peut renoncer à
fon bien-être, il fuit qu'elle ne peut acquiefcer
à l'oppreffion, fous quelque forme qu'elle fe
montre : il fuit qu'elle peut reprendre fes droits
& fe fervir de la force pour repouffer la force
qui l'accable : les nœuds qui l'uniffent à fes Chefs,
ne peuvent être que conditionnels ; dès qu'ils
les rompent, ils font brifés pour elle. Quels
titres, quelles conventions, quels pactes pour⚫
roient la priver pour toujours de la faculté de fe
conferver ?

Le Pouvoir Souverain n'eft plus que la guerre
d'un feul contre tous, dès que le Monarque
franchit les bornes que lui prefcrit le vœu des
Peuples ; fon autorité ne fubfifte qu'autant que
la force les oblige de prier. Ainfi le Pouvoir
Arbitraire eft un pouvoir contre Nature, incapable d'affûrer ni l'autorité du Souverain, ni la
tranquillité des Sujets : il feroit infenfé qu'il fût
approuvé par les Nations qui ne peuvent fans
folie fuppofer dans tous ceux qui les gouvernent, la volonté ou la capacité de travailler à
leur bonheur. L'exercice en feroit injufte, en
ce qu'une volonté unique s'arrogeroit le droit de
contredire toutes les autres. Elle feroit une tyrannie & une ufurpation, en ce qu'elle priveroit
les hommes par la force, des droits effentiels &
facrés dont ils ne peuvent être dépouillés. Un
pouvoir de cette efpece n'eft plus un Gouvernement; c'eft un abus, un brigandage, un défordre. Pour être Souverain abfolu, il faudroit
être fouverainement fage; fi la fageffe des Prin-

ces à des limites; si leurs lumieres sont bornées;
si ceux qui les conseillent sont sujets à se tromper, il faut que leur pouvoir reconnoisse des
bornes. Vouloir avec des forces & des connoissances limitées, exercer un pouvoir illimité,
c'est prétendre follement s'élever au dessus de la
Nature Humaine.

§. XXII. *De la vraie Souveraineté.*

Il n'y a qu'une Souveraineté soumise aux
loix de l'équité, que l'on puisse regarder comme
un Gouvernement approuvé par un Peuple.
L'administration est alors à l'abri des factions
que la diversité des intérêts fait naître très souvent dans les Nations, où plusieurs partagent
l'autorité. Le Pouvoir Suprême représenté par
le Prince ou par des Citoyens d'élite, se fait obéir
volontairement des Peuples. Si l'Etat est Monarchique, alors toutes les forces rapprochées,
concentrées, remises entre les mains d'un seul,
agissent sans obstacle, & se portent avec promptitude où les besoins l'exigent. Le Monarque
semblable à un pere de famille, commande à ses
enfants, les a perpétuellement sous les yeux,
leur laisse l'usage de leur liberté & ne les prive
que d'une licence qui leur deviendroit dangereuse. Comment un vrai Monarque sépareroit-il
ses intérêts de ceux d'une famille qui le regarde
comme son chef? Ne ressembleroit-il point à
un pere dénaturé qui, par une négligence indigne, livreroit ses enfans à l'abandon, ou chercheroit à leur ravir des avantages qu'il doit leur
procurer?

Sous des Souverains équitables, les Loix fondées sur l'intérêt de tous, sur leurs besoins, ne sont que l'expression de la volonté publique, & remédient sans délai aux maux de la Société. Si la constitution de l'Etat met le Chef dans le cas de consulter son Peuple, il en résulte une obéissance raisonnée ; ses ordres deviennent pour lors le vœu de la Nation ; on s'y soumet avec joie, parce qu'on en connoît le but & les motifs : la liberté du Citoyen n'est point révoltée d'une obéissance qui n'est qu'un sacrifice à son propre intérêt. Des Loix justes faisant la sûreté de tous, le Monarque lui-même ne peut s'en dispenser ; il sait que ni son titre, ni son rang, ni son pouvoir ne peuvent le soustraire à la volonté générale ; pour la rendre respectable, il doit la respecter lui-même.

§. XXIII. *Des Privileges.*

Cela posé, de quel droit les Princes soumis eux-mêmes aux Loix, s'arrogeroient-ils le pouvoir d'en dispenser les autres ? Quelle force pourront avoir des regles versatiles, obligatoires, pour les uns & sans force pour ceux que la faveur prétendroit distinguer ? Si sans se nuire à elle-même, la Société ne peut qu'étendre & appliquer les Loix immuables de la Nature, comment les organes & les exécuteurs de ses volontés pourroient-ils dispenser quelqu'un d'y obéir ? Toute exemption de la Loi est une injure faite à la Loi & à la Société ; la Loi est-elle utile & juste ? Elle doit commander à tous ; est-elle injuste, inutile ou nuisible ? Elle doit être anéantie pour tous. Nul Citoyen, s'il avoit de l'équité ou s'il réfléchiſſoit, ne pourroit être flatté de jouir à l'excluſion de ſes concitoyens de priviléges injuſtes qui l'expoſent à la haine de ſes aſſociés, ou ſéparent ſon intérêt du leur. Le droit de faire le mal impunément, ne peut flatter qu'un ſcélérat, un mauvais Citoyen. Eſt-il une vanité plus déteſtable, que celle qui met ſa grandeur ou ſa gloire dans le pouvoir de nuire? Eſt-il une vanité plus puérile & plus inconſidérée, que celle de ces prétendus Grands qui ſe croient honorés par d'indignes priviléges que le deſpotiſme peut accorder & révoquer ſans raiſon?

QUELLES idées les Peuples auront-ils de l'équité? Quel reſpect auront-ils pour les Loix lorſqu'ils les verront foulées aux pieds par leurs maîtres, & inſolemment violées par les Grands qui les entourent? N'eſt-ce pas faire mépriſer & déteſter la loi, que d'y ſouſtraire les Grands & de s'en ſervir pour écraſer les Petits? Quelles notions de juſtice doit-on avoir dans ces pays où les Nobles, c'eſt-à-dire les Citoyens les plus riches, ſont exempts des impôts dont le Pauvre eſt ſurchargé!

SI les Loix ne ſont faites que pour établir un juſte équilibre entre les membres d'un Etat, ſi elles doivent remédier aux inconvéniens qui pourroient réſulter de l'inégalité naturelle des hommes; les exemptions de la Loi rendent ces vues inutiles; elle augmentent l'inégalité; elles la font ſentir d'une façon douloureuſe; elles privent quelques Sujets, des avantages qu'elles accordent à d'autres; enfin elles invitent des Citoyens à ſe ſéparer de leurs Concitoyens, à diſtinguer leurs intérêts de ceux de la Société. L'eſprit de corps fut & fera toujours contraire à l'efprit de Société.

L'ACCEPTION des perfonnes eft une fource intariffable de maux dans les Nations : la partialité des Souverains détruit toute juftice; & fans juftice, la Société devient le théatre de l'oppreffion & du défordre. Il n'eft guere de pays dans le monde où la Loi parle également à tous les Sujets ; févere pour le foible & le pauvre, elle adoucit fa voix pour les riches & les grands. Indulgente pour les uns, elle écrafe les autres. Il faut prefque par-tout du crédit, du pouvoir, de la protection, des richeffes, pour obtenir les objets fur lefquels on a les droits les plus légitimes; enfin prefqu'en tout pays, il eft permis à quelques Citoyens d'être injuftes & de mal faire. La Loi eft inutile, & l'autorité devient inique, lorfque les hommes ne font point récompenfés ou punis en raifon de l'emploi utile ou nuifible qu'ils font de leurs facultés.

§. XXIV. *Droits du Souverain fur la propriété.*

LES Souverains croient d'ordinaire que leur pouvoir leur donne des droits illimités fur les biens de leurs Sujets. Chargés par la Société de la protéger & de lui procurer les avantages qu'elle defire, ils ne jouiffent du pouvoir, que pour affurer la perfonne & les poffeffions de fes membres, pour les garantir contre la violence & la fraude. Le droit de défendre peut-il donc conférer le droit de prendre les biens que l'on doit protéger? L'autorité Souveraine n'eft armée d'un fi grand pouvoir, que pour oppofer des barrieres

plus fortes & des remedes plus prompts aux paffions des Sujets, & non pour mettre le Souverain
à portée de donner un libre cours à fes propres
paffions. La liberté, la propriété, la fûreté font
les uniques liens qui attachent les hommes à la
terre qu'ils habitent. Il n'eft point de Patrie, dès
que ces avantages ont difparu.

En fe foumettant à l'Autorité Souveraine, les
Nations ont dû, fans doute, confentir à lui four-
nir tous les moyens de travailler efficacement à
leur bonheur : ainfi chaque individu a facrifié une
portion de fes biens pour contribuer à la confervation de la propriété totale. Telle eft la fource
de l'impôt. Il n'eft jufte, que lorfque la Nation confent à s'y foumettre ; fon ufage n'eft légitime, que lorfqu'il eft fidelement employé à la
confervation de l'Etat. L'utilité publique doit être
fa mefure invariable : la proportion des poffeffions
& des bienfaits dont on jouit eft la regle de ce
que chacun des membres doit contribuer. Les
impôts font des vols, dès qu'ils ceffent d'avoir
pour objet les moyens de conferver l'Etat & d'af-
fermir fon bonheur. Le Prince eft un brigand,
un concuffionnaire, quand il emploie la force pour
ravir les biens d'une Nation fans avantages pour
elle ; il eft un prévaricateur, un économe infidele, lorfqu'il détourne à fon propre ufage les
richéffes dont il n'eft que l'adminiftrateur & le
dépofitaire : il eft coupable, lorfque contre l'in-
tention publique il prodigue en dépenfes inutiles,
en un fafte orgueilleux, en des libéralités peu
méritées, les tréfors deftinés aux befoins de l'Etat.

§. XXV. *Du droit de faire la guerre.*

La Guerre eſt pour les Nations une ſource féconde de calamités, de vexations, de ruine. C'eſt ſous prétexte de guerre, que les Peuples ſont écraſés d'impôts. Tout Prince guerrier eſt, & l'ennemi de ſon Peuple, & le fléau du genre humain.

Le tumulte des combats permet rarement d'entendre le cri de la juſtice ou la voix douce de la raiſon. Ce n'eſt qu'en gémiſſant qu'un bon Roi prend les armes. Un Prince belliqueux ne commande qu'à des Peuples ruinés : une Guerre injuſte eſt le plus grand des forfaits ; une guerre inutile eſt le comble du délire. C'eſt pour la conſervation de ſon Peuple, c'eſt pour l'intérêt de ſon Peuple, c'eſt de l'aveu de ſon Peuple, qu'un Souverain doit faire la guerre ; dès que le danger finit, la guerre doit ceſſer. Tout Conquérant eſt un fou qui commence par ruiner ſes Sujets, pour avoir l'avantage de ruiner ceux des autres.

L'IDE'E ſeule de la guerre, de ſes détails affreux, de ſes conſéquences durables, ne devroit-elle pas déchirer le cœur de tout Prince en qui la juſtice, l'humanité, la raiſon n'ont pas été complettement étouffées ? La vaine gloire qui réſulte de la deſtruction, eſt-elle faite pour flatter un être raiſonnable ?

Le Souverain a droit de faire la guerre, non pour ſes propres intérêts, mais uniquement pour ceux de ſa Nation : il n'y a qu'un tyran qui puiſſe ſacrifier ſon Peuple à ſes propres fantaiſies.

Ce n'eſt jamais qu'à regret qu'un bon Prince fait uſage du glaive que ſes Peuples lui ont remis. Si d'injuſtes aggreſſeurs menacent ſes Etats, ſi d'avides voiſins veulent ravir à ſes Sujets, les avantages dont ils jouiſſent, c'eſt alors qu'il recourt à la force pour faire rentrer dans leur nature, des aveugles qui s'en veulent écarter. Mais il n'ignore pas que les lauriers de la victoire ſont preſque toujours également teints du ſang de ſes Sujets & de ſes Ennemis. La guerre eſt une criſe quelquefois néceſſaire, mais qui affoiblit toujours le tempérament de l'Etat. *Je crains bien plus*, diſoit Alphonſe de Caſtille, *les larmes de mon peuple, que les armes de mes ennemis.*

§. **XXVI.** *Le Souverain eſt le garant de la conduite de ſes miniſtres.*

RESPONSABLE à ſes Sujets de la capacité & de la conduite de ceux à qui il confie ſous lui les détails de l'adminiſtration, dans le choix de ſes Miniſtres, le vrai Monarque ne conſultera que le mérite, les talents, la vertu. La voix de la Nation les lui fera toujours connoître. Il ſe ſouviendra toujours que l'abus eſt preſque inſéparable du pouvoir. Vainement auroit-il pour ſes Sujets, les ſentiments qu'il leur doit : vainement s'occuperoit-il de leur bonheur ; le bien-être des Nations, la ſûreté de l'Etat, l'attachement des Peuples pour leurs maîtres, dépendent de la conduite des hommes qu'ils rendent dépoſitaires d'une portion de leur autorité. Une juſte défiance tiendra donc les yeux du Monarque ouverts ſur la conduite de ſes Miniſtres. Il livrera à la ſévérité des Loix, à l'indignation, à la vengeance de ſes

Peuples, ceux dont les excès les auront rendus malheureux. Le Souverain le plus juste peut être séduit & trompé par des Conseillers pervers, par des Ministres imprudents, par des Favoris incapables. Il doit écarter de sa personne le ressentiment de ses Sujets; leur haine doit retomber sur les têtes coupables de ceux qui les oppriment, souvent à l'insu de leurs maîtres : le Souverain qui protege un Ministre criminel, se rend le complice de ses crimes & se charge de ses iniquités.

Une distribution équitable des récompenses & des peines met un Prince à portée de régner comme les Dieux. Dépositaire de ces deux grands ressorts du Gouvernement, il s'en servira pour encourager la vertu, le mérite, les talents, ou pour forcer l'intérêt particulier à concourir à l'intérêt général. Rien de plus propre à décourager les Citoyens vertueux, que de leur ravir les récompenses qui leur sont dues; la vertu disparoît, dès que le vice est honoré. Personne ne travaille plus à se rendre utile, quand les bienfaits, les honneurs & les graces ne sont le prix que de la naissance, de la fortune, de la faveur. Les faveurs accordées à l'incapacité, à la médiocrité sont des vols faits au mérite; les récompenses données à celui qui sert la Société, sont des dettes que le Souverain acquite pour elle. Les graces légérement accordées, sont des injustices réelles.

§. XXVII.

§. XXVII. *La Souveraineté légitime protege la Liberté.*

Sous un Roi Citoyen, la Société sera libre; elle l'est toujours par-tout où les Loix sont respectées. Loin d'envier à ses Sujets les avantages que leur procure leur industrie, le Prince s'occupera sans cesse du soin de les augmenter. Loin de chercher à les asservir, il assurera leur Liberté, ce bien si cher à l'homme, si nécessaire à son bonheur. Aussi éloignée d'une licence dangereuse, que d'un esclavage déshonorant, cette Liberté ne sera bornée que par la raison qui, commandant également au Monarque & aux Sujets, ne lie les mains des hommes, que pour les empêcher de se nuire, & leur permet de travailler sans obstacle à leur bonheur. La sagesse dégagée des entraves de la gêne, parlera librement aux Nations : un Monarque vertueux ne craint point les regards pénétrans de la raison; il sait que ses bienfaits seront bien mieux sentis par des hommes éclairés, que par des esclaves stupides ; il sait que l'ignorance rend les hommes aveugles, pusillanimes & malheureux, il sait que les lumieres & la liberté leur éleveront le cœur & les rendront courageux & vertueux. Guidés par la reconnoissance, les Peuples chériront leurs loix, leurs institutions & le Monarque qui s'occupe de leur bien-être ; les lumieres ne font à craindre, que pour les imposteurs & les tyrans.

I

§. XXVIII. *Le Souverain doit être populaire.*

DANS un Etat bien gouverné, le vulgaire, ou le bas Peuple sera sur-tout l'objet des soins du Monarque. Détrompé de ces idées orgueilleuses qui font du Souverain un Dieu, & qui ravalent le Sujet laborieux au-dessous de la condition humaine, il s'occupe sur-tout de cette partie de ses Sujets que le travail fait subsister ; il excite les arts à rendre leurs travaux moins pénibles. L'agriculture encouragée & soulagée fleurit & porte l'abondance dans toutes les parties de l'Etat. Le commerce honoré de l'estime & de la faveur du Gouvernement, étend au loin ses rameaux ; il procure à la Société les choses que la Nature lui refuse, & multiplie pour elle les agréments de la vie. Le soldat contenu par une discipline sévere & soumis aux Loix ne se croit point en droit d'opprimer ou de mépriser ses Concitoyens qui le soudoient ; il est un Citoyen intéressé comme les autres au maintien d'une Société qu'il est fait pour défendre : il sera le défenseur de la Patrie, & non l'instrument de son esclavage. Rien n'égale la puissance d'un Monarque que la vertu guide & que la raison éclaire. Tout un Peuple animé du même esprit que son Roi, s'identifie avec lui ; il oppose un rempart impénétrable aux entreprises, à l'avidité, à l'ambition de ceux qui tenteroient de troubler sa félicité.

TELLE est la conduite que la sagesse inspire à tout Monarque. Telles sont les bornes qu'elle met au Pouvoir Souverain, tel est le plan que la volonté publique trace à tous ceux qu'elle rend dépositaires de son autorité.

§. *XXIX. Il doit connoître le vœu de sa Nation.*

MAIS pour que le Souverain connoisse les vœux de son Peuple, qui doivent être sa regle ; ses besoins, auxquels il doit satisfaire ; ses maux, auxquels il doit remédier, il faut que la Nation soit représentée par quelque corps qui fasse connoître au Souverain, les justes demandes de ses Sujets, & qui, sans jouir de l'autorité suprême, en dirige les mouvements, en tempere les effets, & l'arrête même, lorsqu'elle devient nuisible. Un Roi ne peut pas tout voir par lui-même ; en vain se flatteroit-il de trouver dans son génie, les ressources nécessaires à la conduite de l'Etat ; le pouvoir écarte presque toujours la vérité timide. Des courtisans, des ministres, des favoris peuvent égarer leurs maîtres ; la voix de leurs Peuples ne les trompera jamais.

IL n'est presque point de Monarchies dans le monde, où le Souverain connoisse ses vrais intérêts ou sente des motifs pour faire le bien. Toujours sûr d'être secondé dans ses projets par des armées, de les voir applaudis par des courtisans flatteurs, de les faire exécuter par des troupes mercénaires, le Prince se met au-dessus de l'opinion publique, & n'a nul égard pour sa Nation. Une éducation dépravée lui laisse communément ignorer qu'il est homme ; l'inhabitude de souffrir le rend insensible à la misere publique ; l'ignorance du mal qu'il fait l'empêche d'en rougir ; l'assûrance de l'impunité aguerrit sa conscience contre la honte & le remors ; le tumulte, la dissipation, les plaisirs lui dérobent le cri public ; il faut donc que la Nation fe réferve le droit de parler à fes Souverains que tout conf- pire à corrompre, à rendre aveugles, indolents ou méchants.

Un Prince raifonnable pourroit - il s'indigner des barrieres que la raifon oppofe à fes paffions ? Ne doit-il pas plutôt s'applaudir de la néceffité qu'elles lui impofent d'être jufte, & de l'heureufe impoffibilité où elles le mettent de fe nuire ? Que l'Ufurpateur, le Defpote & le Tyran infenfé frémiffent à la vue d'un frein dont ils mécon- noiffent les avantages, un Monarque vertueux limitera lui - même fon pouvoir ; quant au Mo- narque pervers, il a befoin que la force publique éleve une digue puiffante contre fes déréglements: un Souverain incapable, communément gouverné par des flatteurs, des favoris, des ames viles, fe croiroit-il plus deshonoré de fe voir dirigé par la voix d'une Nation entiere dont les inté- rêts font communs avec les fiens, que de fe ren- dre l'inftrument abject des paffions & des intri- gues de quelques efclaves intéreffés à le fur- prendre ?

C'est à fa Nation bien plutôt qu'à un petit nombre de courtifans corrompus, qu'un Souve- rain doit donner fa confiance. L'expérience de tous les âges nous prouve que les Princes, ainfi que tous les hommes, ne fe laiffent que trop fouvent féduire par des avantages futiles & paf- fagers qui les aveuglent fur leurs plus grands in- térêts ; elle nous montre que la Puiffance Suprê- me, loin d'être exempte des foibleffes humaines, y eft continuellement expofée. Un feul Prince suffit souvent pour renverser les Empires les mieux constitués. Un seul de ses caprices, une seule de ses foiblesses, un seul mauvais conseil, peuvent plonger des Nations florissantes dans l'abîme de la misere. Le Souverain le plus vertueux est souvent remplacé par le monstre le plus dénaturé. Domitien succéde à Titus, Commode à Marc-Aurele. Le Monarque le plus humain, trompé dans le choix de ses ministres, livre quelquefois, sans le savoir, ses Peuples à l'oppression la plus cruelle, se rend lui-même odieux, contribue à sa propre ruine.

Comment remédier à ces maux inévitables de la condition humaine? Comment tenir en tout tems, l'Autorité dans ses bornes légitimes? Comment la faire concourir invariablement au bien-être de la Société? Il faut que la Loi commande ; il faut que cette Loi soit armée d'une force plus grande que celle de l'homme ; il faut que la Puissance Suprême soit contenue par des liens qui, attachés à la constitution de l'Etat, ne puissent être rompus sans l'ébranler & sans mettre en danger ceux qui voudroient les anéantir. Il n'y a que le partage du pouvoir qui puisse produire ces effets. Les Princes feront le bien, quand ils connoîtront leurs véritables intérêts ; quand ils feront à portée d'entendre la vérité ; cette vérité leur montrera les périls qui les menacent, dès qu'ils viennent à perdre l'affection des Peuples. Ils connoîtront les vœux, les besoins & les maux de leur Nation, lorsqu'elle sera représentée ; leurs Loix feront l'expression de la volonté publique, lorsque la Nation aura part à la législation.

§. XXX. *Des corps intermédiaires.*

CES vérités ont été senties par toutes les Nations Européennes. Si l'ignorance a soumis les Asiatiques énervés à des maîtres absolus, rarement les Peuples d'Europe ont-ils conféré à leurs Chefs un pouvoir illimité. Chez eux le Monarque fut presque toujours obligé de s'assûrer du vœu de sa Nation sur tous les objets qui pouvoient l'intéresser. Telle est l'origine des *Dietes*, des *Etats*, des *Parlements* dont les droits ne se sont affoiblis dans quelques contrées, que par l'indolence des Peuples, & par l'usurpation, la séduction & la trahison des Cours; titres futiles! que la volonté des Nations pourra toujours anéantir. Comment les Souverains connoîtroient-ils les besoins ou les plaintes de leurs Sujets, s'ils n'écoutent jamais que ceux qui sont intéressés à les étouffer, & si les Peuples ne sont représentés par des hommes légalement autorisés à parler pour eux? Une Nation qui n'est point représentée, est semblable à un homme privé de la parole; il ne lui reste que ses bras pour faire connoître ce qu'il demande.

EN choisissant des Représentants, les Peuples forment des conseils à leurs Souverains. Ces conseils, pour exprimer fidélement les volontés des Peuples, doivent être composés de Citoyens que leurs lumieres, leurs talents, leurs vertus, & sur-tout leurs intérêts personnels attachent à la Patrie, & mettent à portée de connoître ses forces, sa situation, ses besoins. Des conseils ainsi composés ne sont-ils pas plus propres à guider un Monarque, que ne feroient des mini-

ftres communément pervers, des favoris complaifants, des courtifans faméliques, qui ne connoiffent point de Patrie, ou qui ne trouvent leur
intérêt qu'à la fouler afin de partager fes dépouilles ? Nul homme n'eft plus intéreffé au bien de
l'Etat, que celui qui fouffre de fes maux & qui
jouit de fes avantages ; c'eft la propriété, c'eft
la poffeffion des terres, qui lie l'homme à fon
pays & l'attache à fes Concitoyens.

Les Peuples s'arrachent naturellement à tous
les Corps qui peuvent être une barriere entre eux
& l'Autorité Souveraine; la Nobleffe, le Sacerdoce, la Magiftrature ont été fucceffivement les
organes, les défenfeurs des Nations. Il eft vrai
que fouvent les Peuples furent trompés ; le rempart dont ils efpéroient fe couvrir, les écrafa de
fon propre poids, ou les livra lâchement au pouvoir qu'ils redoutoient. Tout Corps qui a droit de
parler au Monarque, qui peut mettre obftacle à
fes projets, qui peut amortir fes coups, eft fûr
de s'attirer la confiance des Sujets ; ceux-ci trop
communément ne connoiffent le Pouvoir Suprême, que par les maux qu'il leur fait.   Cette difpofition peut fervir à nous expliquer pourquoi,
de l'aveu tacite d'une Nation il fe forme quelquefois dans fon fein des Repréfentants, des
Protecteurs, des Organes, qu'elle n'a point expreffément choifis.   A moins que le torrent du
Defpotifme ne parvienne à tout renverfer, il s'é-
leve, pour ainfi dire, de foi-même, des digues
à l'Autorité.

§. XXXI. *Le Souverain ne peut refuser d'écouter*
sa Nation.

Sɪ toute autorité ne doit avoir pour objet que le bien-être de ceux fur qui elle eft exercée, nul Souverain fur la terre n'a le droit d'impofer filence à fon Peuple. Cette maxime peu conforme aux idées chimériques que la baffeffe & l'efclavage s'efforcent d'accréditer, n'en eft pas moins fondée fur la Nature & l'équité. L'efclave accoutumé dès l'enfance à regarder un Monarque comme un Dieu, ne peut concevoir que de foibles mortels puiffent examiner fes droits ou difcuter fes ordres. Des fuperftitions qui dépeignent l'Etre Suprême comme un Tyran à qui tout eft permis, perfuadent aux Nations qu'elles doivent fans murmurer fe foumettre aux caprices des Princes, chargés de repréfenter la Divinité. Les Souverains que la flatterie empoifonne dès l'âge le plus tendre, fe croient des êtres privilégiés, féparés, pour ainfi dire, de toute l'efpece humaine, dont les volontés font faites pour ne jamais trouver d'obftacles de la part des vils mortels. Des Miniftres ambitieux & des Courtifans avides ne voient qu'avec frayeur, les bornes que les Loix juftes mettroient à une puiffance dont ils partagent les abus. Tels font les ennemis des droits des Nations : telles font les vraies caufes de l'aveuglement des Peuples, dans les cœurs defquels tout confpire à étouffer le cri de la Nature & l'amour de la Liberté.

§. XXXII. *Prétentions orgueilleuses de quelques Souverains.*

L'autorité Suprême, continuée pendant une longue suite de siecles dans une même race, dût encore contribuer à fortifier la vénération des Peuples pour leurs Souverains. Comment ne point regarder comme d'un ordre supérieur, des êtres à qui la naissance seule donnoit le droit de commander au reste des hommes ? Les Rois, à leur tour, ne dûrent-ils pas méconnoitre les droits de ces Peuples qu'ils transmirent à leur postérité, comme un bien de famille, comme un immeuble, comme un vil troupeau ?

Les Sociétés, en choisissant des Monarques, leur accorderent, comme on a vu, un pouvoir plus ou moins étendu; par là les Souverains acquirent des droits & des prérogatives qu'ils voulurent faire regarder comme inaliénables, imprescriptibles, essentiels à la Souveraineté. En accordant ces droits, les Nations ne consulterent communément que leurs circonstances actuelles, & porterent rarement les yeux sur l'avenir. Mais les Rois se prévalurent toujours des concessions une fois faites, soit à eux-mêmes, soit à leurs prédécesseurs; des usages souvent insensés, des exemples antérieurs, des droits une fois exercés devinrent pour eux des titres incontestables; ils prétendirent avoir acquis des facultés qui ne pouvoient plus être révoquées par ceux-mêmes qui les avoient conférées. L'habitude, l'opinion; & sur-tout un respect aveugle pour l'antiquité firent illufion aux Nations ; elles crurent qu'il ne leur étoit plus permis de rectifier des abus, parce qu'ils avoient très-long-tems fubfifté. Ainfi les Princes perfuaderent que leurs droits ne dépendoient plus de ceux qui les avoient donnés, & que, fous aucun prétexte, on ne pouvoit les en priver, lors même que les circonftances en rendoient l'exercice pernicieux, ou l'abus infupportable. Si l'on confulte la raifon, elle nous apprendra qu'il n'eft point de droits qui doivent fubfifter contre l'utilité des Nations.

§. XXXIII. *Diftinction du Souverain & de la Souveraineté.*

RIEN n'ouvrit fur-tout un champ plus vafte aux prétentions des Rois, que le préjugé qui confondit fans ceffe le *Souverain* avec la *Souveraineté*, le Roi avec la Nation. On fentit qu'un Pouvoir abfolu réfidoit néceffairement dans toute Société ; on en conclut que les Sociétés gouvernées avoient dépofé fans réferve entre les mains de leurs chefs, tous les droits, tout le pouvoir qu'elles avoient, toute l'autorité dont elles jouiffoient elles-mêmes. Ainfi le Roi & la Nation furent pris pour des fynonimes ; l'organe & la volonté furent indiftinctement confondus ; les actions, les démarches, les imprudences même du Souverain furent regardées comme celles de la Nation ; les biens de l'une furent regardés comme appartenants à l'autre : & peu à-peu les Peuples & leurs poffeffions devinrent le patrimoine de leurs monarques ; ils en difpoferent à leur gré ;

ils fe difpenferent de les confulter fur les chofes qui étoient le plus en droit de les intéreffer. L'attention la plus légere fuffit pourtant pour détruire une erreur dont les conféquences furent de tous tems très-funeftes aux Nations. C'eft pour conferver fa perfonne & fes biens , que chaque Citoyen fe met fous la fauve-garde de la Société; c'eft pour affûrer fon bonheur que la Nation fe choifit des protecteurs; ceux-ci font des gardiens & non des propriétaires des biens de la Nation; ils font des interprêtes infideles , & non des légiflateurs, quand ils font des Loix injuftes, contraires au vœu public, défavouées par les Peuples. Un Defpote , un tyran peut-il être l'interprête des volontés générales ? Non, fans doute; il n'eft que l'interprête de fes propres paffions, de fes propres caprices; il n'eft l'organe que de fes miniftres. Un Monarque , pour être identifié avec fa Nation, doit vouloir ce qu'elle veut & ce que fes Loix ordonnent : c'eft alors qu'il dira comme un Roi de la Chine : *La faim de mon Peuple eft ma faim : le péché de mon Peuple eft mon propre péché.*

§. XXXIV. *Prérogatives Royales.*

DANS prefque toutes les Sociétés, les Chefs furent les feuls diftributeurs des recompenfes, des graces, des titres , des honneurs, des richeffes ; en un mot ; ils difpoferent de toutes les chofes qui font l'objet des defirs de tous les hommes. Il n'eft pas furprenant qu'avec des motifs auffi puiffants , ils aient fi facilement réuffi à divifer & fubjuguer leurs Sujets dont les yeux fe tournerent uniquement vers des êtres qu'ils regarderent comme les vraies fources du bonheur. Il fut donc aifé aux Princes mal-intentionnés de faire entrer dans leurs complots, une foule d'hommes féduits, aveuglés par des intérêts perfonnels. Une Nation fans pouvoir n'aura jamais que peu d'amis, elle n'a rien à donner. C'eft pourtant de la Nation que découlent le pouvoir & les richeffes que le Souverain lui-même poffede. C'eft de la Nation que partent les bienfaits, les honneurs, les récompenfes & les graces que, pour le bien de l'état, le Souverain doit répandre fur ceux qui le fervent. Mais par un abus vifible, on confondit toujours le diftributeur des graces avec la Nation qui en eft la fource véritable. Par là le Prince fut l'objet unique fur lequel tous les yeux fe fixerent. Pour que la Nation confervât tous fes droits, & pour que ceux qui la fervent reconnuffent fes bienfaits, il feroit important qu'elle fe réfervât la faculté de récompenfer ou de payer les fervices qu'on lui rend : elle retraceroit par là à tous les Citoyens que c'eft la Patrie, & non fon Chef, que le Citoyen doit fervir.

§. XXXV. *De l'Etiquette.*

Pour refpecter l'autorité, les Peuples ont befoin qu'elle leur foit repréfentée d'une façon fenfible. La pourpre, les cérémonies, les faifceaux dans les Républiques ; une pompe plus grande encore dans la Monarchie, éblouirent les yeux & en impoferent au vulgaire. Afin de rendre leur pouvoir plus révéré, les Defpotes ne fe montrerent communément à leurs Sujets qu'environnés d'un éclat propre à les étonner. Ainſi qu'aux Dieux, on rendit des honneurs divins à leurs images ſur la terre : ceux qui de loin en furent les ſpectateurs , ſe perſuaderent aiſément que ces êtres ſi reſplendiſſants devoient être au deſſus de la condition humaine. Telle eſt l'origine du *Cérémonial* de *l'Etiquette* & de ces titres faſtueux par leſquels les Monarques en impoſerent aux Nations toujours épriſes du merveilleux, ces choſes devinrent ſouvent l'objet unique de l'attention des Cours. Moins les yeux ſont familiariſés avec les objets, plus ces objets font travailler l'imagination. Nul Monarque n'eſt un Dieu pour celui qui le voit tous les jours. Ce qui eſt impénétrable & caché, eſt toujours reſpecté. Les Rois profiterent de ces diſpoſitions pour ſe rendre plus redoutables ; ils ne ſe montrerent que rarement ; & ſemblables aux Dieux qu'on ne voit point, du fond d'un Palais impénétrable, ils dicterent leurs volontés à des Courtiſans qui, devenus des eſpeces de Prêtres , les firent paſſer au vulgaire. Les Princes les plus méchants, ou qui eurent le moins de grandeur véritable, furent communément les plus attachés à leur faſte, à leurs titres, & à cette vanité puérile qui n'en impoſe qu'à des enfans. Dans la plupart des Monarchies, le vain faſte des Cours, ou ce qu'on nomme la ſplendeur du trône, devient la ruine des Peuples. Regner, dans bien des Etats, c'eſt repréſenter dans un drame communément fort tragique pour la Nation.

Le cérémonial & l'étiquette ſont des barrieres que la flatterie a placées au-tour des Rois, afin d'écarter les Peuples de leurs Chefs , & pour empêcher qu'on ne voie qn'ils font des hommes, fouvent très-méprifables ou très-dignes de haîne. La baffeffe & le préjugé femblent s'être efforcés de tout tems d'élever les Monarques au-deffus de la condition humaine. Homere donne fans ceffe aux Rois le titre de *Nés des Dieux* ; la fable les fuppofa inftruits par des Divinités. Quoi de plus propre à nourrir l'orgueil des Chefs des Nations, que ces rêveries aftrologiques qui leur perfuadoient que le Ciel étoit perpétuellement occupé de leur fort, que les aftres annonçoient leur naiffance & leur fortune , que les éclypfes préfageoient leurs fuccès ou leurs défaites , que les cometes étoient les avant-coureurs de leur mort ? La Nature entiere fembla toujours s'intéreffer uniquement aux deftinées de quelques mortels que le hazard avoit placés à la tête des Nations.

Telles font les différentes fources des idées gigantefques , furnaturelles , divines que les Peuples fe formerent de leurs Souverains. Ceffons donc d'être furpris, fi prefque fans intervalle ils furent foumis à des hommes qui fe crurent difpenfés de montrer des vertus. L'indolence , l'incapacité , l'ignorance , que dis-je ? la méchanceté , même la ftupidité , la frénéfie ne priverent point les Rois du droit de régler le fort des Nations : regner ne fut autre chofe, que jouir dans l'inaction , la molleffe & les plaifirs, du travail d'une Société nombreufe : gouverner ne fut que l'emploi du pouvoir pour la forcer de plier fous fes caprices : la politique ne fut plus que l'art de la divifer, de l'affoiblir, de la corrompre même pour la tyrannifer. Les Souverains ne fongerent nullement à s'inftruire ; le bonheur des Peuples fut abandonné au hazard ; les Nations les plus mal gouvernées craignirent de fe rendre coupables d'un facrilege en ôtant le Pouvoir Suprême à des mains incapables de l'exercer ou qui en faifoient contre elles l'abus le plus honteux.

§. XXXVI. *Vraie grandeur des Rois.*

LORSQUE exempts de préjugés nous oferons contempler la Nature de l'Autorité Souveraine, nous verrons que les Rois font les plus refpectables des hommes, lorfqu'ils font le bonheur des Nations ; mais dont l'éclat, la grandeur & les droits difparoiffent, dès qu'ils violent ou négligent les devoirs que le rang leur impofe. Les Peuples toujours plus forts qu'eux, dès qu'ils réuniront leurs forces, n'ont jamais pu renoncer au droit de les ramener à la raifon, de les obliger d'être juftes, de leur indiquer les routes qu'ils doivent tenir pour les conduire à la félicité, en un mot, de les faire defcendre du trône où ils ne leur ont dit de monter, que pour veiller à la fûreté generale.

D'UN autre côté la raifon doit faire fentir aux Monarques que, pour être cheris & refpectés de leurs Sujets, ils doivent leur montrer par la fupériorité de leurs talents, de leurs lumieres, de leurs vertus qu'ils ont ce qu'il faut pour commander : cette raifon les détrompera de ces idées infolentes & barbares qui leur repréfentent les

Peuples comme des amas d'infectes qu'il leur eft permis d'écrafer : elle les défabufera de ces prétentions arrogantes qui fubftituent leurs volontés capricieufes aux Loix : elle leur montrera que l'utilité eft la mefure de l'attachement de leurs Sujets, & que la fageffe & l'équité peuvent feuls les mettre en droit de prétendre à leur eftime & à leur amour. Enfin cette raifon leur apprendra qu'un Monarque inutile, malfaifant & tout puiffant eft néceffairement le membre le plus méprifable, ou le plus odieux à la Société.

L'HOMME le plus criminel feroit fans doute celui qui rendroit toute fon efpece malheureufe. Les crimes les plus déteftables font ceux dont réfulte l'infortune d'un plus grand nombre d'individus. Que conclure delà, finon qu'un Tyran eft l'être le plus odieux que puiffe enfanter le crime? Admirateur aveugle de la grandeur ! mefure d'après ces regles l'eftime que tu dois fouvent aux maîtres de la terre. Examine en détail les miferes qu'ils font fi fréquemment éprouver à des millions de victimes de leurs coupables folies : calcule le nombre des familles défolées dans lefquelles leur négligence, leur tyrannie, leurs victoires, leurs conquêtes portent fans ceffe le deuil, l'indigence, le défefpoir ; admire les enfuite fi tu l'ofes !

§. XXXVII.

§. **XXXVII.** *Sont soumis aux mêmes devoirs que les autres hommes.*

C'est sur le besoin que les hommes ont les uns des autres, que leurs devoirs sont fondés ; l'heureuse dépendance où nous vivons de nos semblables, est la vraie base de toute morale. Tout homme qui s'imagine n'avoir besoin de personne, croira bientôt ne rien devoir à personne ; celui qui, dépourvu de crainte lui-même, est en état de faire trembler les autres, s'embarrassera fort peu de mériter leur estime ou leur amour ; il ne se donnera point de peine pour plaire à des êtres qu'il méprise & qu'il peut accabler. Tout pouvoir démesuré corrompt nécessairement & l'esprit & le cœur, il rend celui qui l'exerce orgueilleux, inhumain, insociable.

Si vous multipliez les forces d'un homme, au point qu'il n'ait plus rien à espérer ou à craindre en ce monde des êtres qui l'entourent, il se croira bientôt un être d'un ordre différent ; il n'aura besoin de personne pour contenter ses desirs ; il n'aura point d'intérêt à modérer ses passions ; en un mot, il deviendra méchant, & il n'aura nuls motifs pour travailler au bonheur de ceux qui lui seront totalement indifférents. Par l'avilissement des Nations & l'oubli des droits de la Société, les Souverains sont devenus des hommes gigantesques, dont les forces se sont tellement multipliées, que l'on a cessé de les regarder comme faisant partie de l'espece humaine ; dès lors ils se sont tout permis pour satisfaire leurs volontés ; bien plus, on les a cru difpenfés de tous devoirs, leurs caprices n'ont plus rencontré d'obſtacles ; c'eſt ainſi que les Princes furent ſi ſouvent dépourvus de moralité & de vertus.

§. XXXVIII. *Des Vertus du Souverain.*

BIEN des auteurs ont écrit ſur les vertus qu'ils demandent aux Rois : ſéduits par un enthou-ſiaſme plus louable qu'éclairé, ils ont exigé d'eux des talents ſi ſublimes, des qualités ſi rares, des connoiſſances ſi vaſtes, qu'il eſt preſqu'impoſſible qu'un mortel les raſſemble. Ils ont voulu que les Rois fuſſent des Dieux, exempts des foibleſ-ſes de notre nature, & ils furent des hommes ſouvent plus remplis de miſeres, que tous les autres. Ne voyons que des hommes dans nos Princes, ne leur demandons que des vertus hu-maines. Il n'eſt point, je l'avoue, de propor-tion entre les vertus & les vices de ceux qui gouvernent, & ceux des Citoyens qui ſont gou-vernés ; les mauvaiſes diſpoſitions des premiers font des millions d'infortunés, leurs vertus re-pandent au loin la félicité. Les vertus du Citoyen n'influent communément que ſur la ſphere bor-née qui l'environne ; les vertus du Souverain ſe multiplient, pour ainſi dire, en raiſon du nombre de ſes Sujets. Mais quelles feront ces vertus? Si les Princes avoient de la droiture, de la fermeté & ſur-tout de l'équité, ils auroient toutes les qualités que nous avons droit d'en at-tendre. La bonté ſeule, ſans la juſtice, ne peut être dans un Souverain une qualité utile relati-vement à ſes Sujets ; très-ſouvent elle devient une cruauté pour eux. Un Prince à qui la bonté de son cœur ôte la force de résister à ceux qui l'entourent, peut être aussi dangereux qu'un Tyran.

Si nous examinons sans préjugé la plupart de ces Princes dont on nous vante les qualités, nous verrons qu'il en est fort peu dont la bonté ait été vraiment avantageuse à leurs Etats. Nous trouverons que de vils Courtisans ont souvent abusé de leur sensibilité, pour leur faire commettre les injustices les plus criantes; nous trouverons que l'importunité leur arrache des graces pour des Sujets indignes; nous trouverons que les Peuples font sacrifiés à l'avarice de quelques Grands affamés. Appellerons-nous un bon Roi, celui qui ne sait rien refuser à des hommes qui le sollicitent pour obtenir des places dont ils sont incapables, des récompenses qu'ils n'ont jamais méritées, la grace pour d'indignes Citoyens qui ont outragé la Société? La clémence est-elle donc une vertu, lorsqu'elle suspend les effets de la justice pour ceux qui ont violé les Loix, dépouillé la Nation, trahi tous leurs devoirs? N'est-ce point un Souverain inique, que celui qui prive le mérite des récompenses qui lui sont dues pour les accorder aux instances de quelques Favoris qu'il craindra d'affliger? Les qualités les plus aimables dans la Société particuliere, deviennent souvent des vices dans celui qui gouverne des Peuples. Un souverain fait pour tenir la balance entre tous ses Sujets, doit être en garde contre sa propre sensibilité, sa facilité, sa tendresse, son affection pour ses amis ou sa famille. Dès que l'équité se fait entendre, un Prince ne

doit plus avoir ni parents, ni courtifans, ni favoris. Un bon Roi eft celui dont tout fon
Peuple éprouve la bonté ; celui qui n'eft bon que
pour ceux qui l'approchent, eft communément
très méchant pour ceux qui font loin de fa perfonne.

Justice et fermete' : Telle devroit être
la devife des Rois ; lorfque nous trouvons ces
qualités, n'exigeons rien de plus. Ne préten-
dons point qu'ils foient exempts des paffions &
des foibleffes de leur Nature ; n'en attendons
point des perfections chimériques interdites à
notre efpece. Ne foyons point furpris lorfqu'ils
tomberont dans des fautes inévitables pour l'homme. Quand les Peuples auront le droit de porter la vérité au trône, de fe plaindre de leurs
maux, d'en indiquer les remedes, ils ne feront
pas long-tems malheureux. Sous un Souverain
équitable, la Société ne parle jamais en vain ;
jufte envers tous fes Sujets, il fait ceffer leurs
plaintes. Dès qu'on les lui fait connoître, il fe
conforme à leurs demandes ; leurs defirs ne pourront être injuftes ou déraifonnables, dès qu'ils
exprimeront le vœu de la Nature appuyé de la
volonté générale. Un vrai Roi eft un Pere qui
ne ravit point à fes enfans les avantages dont la
poffeffion fait leur félicité ; il les protege contre
l'oppreffion ; il laiffe aux Loix toute leur vigueur,
& jamais il ne les force de plier fous fes caprices : jufte envers les autres Sociétés, il ne fonge
point à les troubler : content de maintenir les
Peuples dans une exiftence heureufe, il ne va
point par des conquêtes étendre les bornes d'un

Empire toujours affez floriffant, heureux & refpecté, quand il eft fagement gouverné.

Cessons donc de donner le titre de Grand
à ces Monarques incommodes & turbulents qui
défolent la terre ; n'admirons plus les exploits
de ces conquérants qui, indignés des limites que
la Nature ou les conventions des hommes ont
mifes à leurs Etats, vont, dans des guerres inutiles, prodiguer le fang de leurs Sujets. Ne
donnons point le nom de gloire, au bruit que
leurs actions inhumaines excitent parmi les Nations. Regardons comme de vrais monftres ces
Héros odieux qui, incapables de s'occuper du
foin pénible de rendre leurs Etats heureux, courent à la renommée par le malheur des Peuples,
& triomphent infolemment aux yeux du genre
humain qu'ils outragent. Préférons un Roi pacifique, à ces brigands farouches dont les actions
fi vantées couvrent le monde de deuil, de larmes
& de mifere. La Nature favorife les Peuples,
dès qu'elle ne donne à leurs maîtres que des ames
tranquilles.

Quand l'amour de la juftice anime un Prince,
il lui donne la force de réfifter aux pieges & aux
importunités des Courtifans qui l'entourent ; fon
exemple en impofe à tous ceux qui fous lui concourent à l'adminiftration : les cabales & les intrigues difparoiffent bientôt d'une cour dont le
Maître connoît les droits de l'équité ; elles ne
font faites que pour les cours de ces Princes incapables de régner qui ne font que les efclaves &
les jouets de leurs Eunuques, de leurs Maîtreffes,
de leurs Favoris.

K 3

Exiger d'un Monarque d'être jufte, c'eft demander uniquement qu'il foit honnête homme. S'il fe trouvoit un Prince à qui cette Loi parût trop dure, il feroit, felon les apparences, très difficile de le rappeller à la raifon. Mais, dira-t-on, le Souverain eft entouré d'hommes intéreffés à le tromper, & qui, malgré fa vigilance, feront le mal à fon infçu. Un prince en qui fes Miniftres connoiffent de l'équité, de la fermeté, feroit difficile à tromper, au moins pendant long-tems. Si la difgrace du maître fuivoit fidélement toute injuftice connue, bientôt la corruption fecrete feroit bannie de la Cour. Quand d'un ton bien décidé le Monarque a dit à haute voix : *Je veux que l'équité regne feule dans mes Etats*, on verra bientôt difparoître, & la violence, & la fraude.

Si tout Citoyen vertueux eft un objet refpectable, combien doit-on chérir & refpecter celui dont les vertus fe font fentir à tout un Peuple? Les hommes ont un amour naturel pour leurs Souverains : leur attachement, il eft vrai, n'eft très fouvent fondé que fur une admiration peu raifonnée de la majefté, de la pompe, de la fplendeur qui environnent le trône ; il n'y a jamais que l'oppreffion exceffive qui détruife dans les Sujets, l'affection qu'ils ont pour leurs Maîtres : l'habitude, l'opinion, le refpect attachent les Nations à ceux qui les gouvernent ; l'extrême abus du pouvoir peut feul les rendre odieux. Que les Princes rentrent donc en eux-mêmes, & ils verront que c'eft toujours par leur faute qu'ils perdent les cœurs de leurs Sujets ; ceux-ci font naturellement portés à s'exagérer leurs vertus ;

à se diffimuler leurs vices & leurs foibleffes ; à rejetter leurs fautes fur les méchants qui les confeillent.

§. XXXIX. *De l'Education des Princes.*

Tout le monde convient que l'art de régner eft de tous les arts le plus difficile, & néanmoins par une étrange fatalité, il eft le feul dans lequel ceux qui doivent l'exercer négligent de s'inftruire. La fcience de laquelle dépend le bonheur des Nations, par un privilege inconcevable s'acquerroit-elle fans travail ? Dans les pays où la naiffance feule conduit au trône, la nonchalance des Peuples fait qu'ils n'exigent de ceux qui les gouvernent d'autres qualités que d'être venus au monde.

Quelle éducation donne-t-on pour l'ordinaire à ces hommes deftinés à régler le fort des Empires ? Leur enfance confiée à des Courtifans corrompus n'eft entretenue que de la grandeur qui les attend, de l'éclat qui les environne, des prérogatives vaines de la Souveraineté. Si on leur enfeigne quelques vertus, ce ne font que ces vertus homicides qui les accoutument, dès l'âge le plus tendre, à méprifer la vie de leurs Sujets : on jette dans leurs jeunes ames, les germes d'une ambition fatale qui troublera par la fuite le repos de leurs Etats & la tranquillité de leurs voifins : la flatterie leur perfuade que les Peuples ne font faits que pour fervir de jouets à leur vanité. Une complaifance criminelle fe prête à tous leurs vices. Ces Divinités de la terre nageant dans les

délices, enyvrées d'orgueil & de volupté, ignorent, s'il eʃt des malheureux. Leur cœur ne s'ac-
coutume point à s'attendrir ʃur le ʃort de l'indigence laborieuʃe ; des égards inhumains leur dérobent le ʃpectacle de la miʃere ; le cri de l'infortune, intercepté par des adulateurs, ne frappe
jamais les oreilles de ceux qu'il devroit affliger &
conʃterner.

LES Sages jouiʃʃoient autrefois de la familiarité
des Rois qui ʃe plaiʃoient dans leur entretien, &
qui les appelloient à leurs conʃeils. La ʃcience
eʃt aujourd'hui exclue de la faveur des Princes ;
les places, les honneurs ʃont réʃervés pour la
naiʃʃance, le rang des aïeux décide du rang des
leur poʃtérité, qui poʃʃede le droit excluʃif d'ap-
procher du Monarque & de ʃe montrer à la cour.
Ainʃi les Souverains ʃont communément entou-
rés d'hommes à qui le hazard de la naiʃʃance tient
lieu de talents & de lumieres, & qui dépourvus
de lumieres & de vertus, ʃont incapables de les
éclairer, ou peu diʃpoʃés à leur montrer la vérité. Soit par ignorance, ʃoit par intérêt, ils
précipitent leur Maître dans des démarches imprudentes, auʃʃi funeʃles pour lui-même, que
pour l'Etat qu'il gouverne. Les Princes ne voient
que des Grands ou des Miniʃtres intéreʃʃés à les
tromper : ainʃi les Princes ne peuvent pour l'ordinaire prendre conʃeil, que de ceux de leurs Sujets qui ʃont les moins inʃtruits & les plus diʃpoʃés à leur en donner des mauvais.

PLUS un Monarque eʃt abʃolu, moins il eʃt à
portée de connoître la vérité ; plus il eʃt puiʃʃant,
moins on aura le courage de la lui dire, & moins

il aura la force de l'entendre. Dès qu'un homme
eſt à craindre, on ne cherche plus qu'à le flatter,
l'adoucir, le tromper. Un Deſpote eſt un lion en
liberté ; on le careſſe, parce qu'on le craint ; le
caprice appuyé de la force ne peut qu'intimider.
Quelques ſoient les malheurs d'un Etat, on perſuade au Tyran que ſous ſon regne les Peuples ſont
toujours trop heureux. Si l'on ne peut lui faire
illuſion à ce point, on lui dit qu'un Peuple ſédi-
tieux ne mérite point qu'on l'écoute, & que la
prudence exige qu'on redouble ſes fers. Les Courtiſans & les Miniſtres ſont toujours intéreſſés à
l'ignorance du Monarque : le moindre rayon de
lumiere ne peut pénétrer juſqu'à lui.

VAINEMENT le fils d'un Deſpote voudroit-il
s'éclairer ; la tyrannie ombrageuſe & jalouſe redoute ſon propre ſang : un ſucceſſeur livré à de
vains amuſements eſt écarté des conſeils de ſon
pere ; il ſe rendroit ſuſpect, s'il cherchoit à s'inſtruire. Ainſi ſans vertus, ſans humanité, ſans
expérience, un Prince prend dans ſes mains trop
foibles les rênes du Gouvernement ; ſon incapacité le met à la diſcrétion des hommes perfides
qui ont aveuglé ſa jeuneſſe. La vie, les biens
des Sujets deviennent la proie de l'ambition de
quelques favoris. Le Monarque, éclipſé par ſes
Miniſtres, devient une vaine idole qui n'a d'autre
fonction que de récompenſer les trahiſons, les
injuſtices & les vices des mauvais conſeillers, des
flatteurs, des intriguants qui l'entourent. Sous des
Rois foibles, la Monarchie dégénere toujours en
une *oligarchie* dangereuſe. L'Autorité Suprême ſe
partage entre quelques miniſtres dont les intérêts
ne ſont ni ceux du Monarque, ni ceux de la Na-

tion. Le pouvoir Souverain fert à écrafer les Peuples ; & les Rois privés de puiffance réelle font, ainfi que leurs Etats, les jouets de ceux qui les gouvernent. Un Roi foible n'eft que le premier efclave de fon royaume ; fa Nation eft la victime des vices de tous ceux qui prennent de l'afcendant fur lui. A fon infçu, les maux des Peuples fe perpétuent de race en race ; & il laiffe à un fucceffeur, inhabile comme lui, des Provinces dépeuplées, des Finances délabrées & des Sujets malheureux.

§. XL. *Ses effets fur le bonheur des Sujets.*

TELS font les fruits de l'éducation que l'on donne communément aux hommes deftinés par la naiffance à commander aux Nations. Ce feroit exiger de ceux qui font deftinés au trône, des qualités vraiment *furnaturelles*, que de vouloir qu'ils réfiftaffent aux impreffions dangereufes que des hommes corrompus leur donnent, dès leurs premiers ans : il ne feroit pas plus raifonnable d'exiger qu'ils éprouvaffent dans l'age mûr des fentimens de juftice, de compaffion, d'humanité auxquels leurs cœurs ne furent jamais exercés. Ne foyons donc pas furpris de voir fi peu de Monarques fufceptibles des qualités les plus communes dans la vie Sociale : lorfque par hazard les Peuples rencontrent dans leurs maîtres des ames acceffibles à la pitié, ils ont lieu de s'en applaudir comme d'un prodige & d'un bonheur inefpéré. L'hiftoire des Nations ne nous offre que l'uniformité révoltante des excès de leurs Monarques célebres qui, baignés dans le fang, marchent à une gloire odieufe fur les cadavres de leurs Sujets. Elle ne nous montre que des campagnes ravagées, des provinces converties en déserts, des villes renversées, des monceaux de cendres & de ruines, seuls monuments que nous laiffent ces guerriers infenfés qui ont régné fur les hommes. Si des paffions moins fougueufes afferviffent ces maîtres du monde, leurs Peuples en font-ils plus heureux ? Alors uniquement livrés à des amufements frivoles, à des débauches honteufes, à une molleffe efféminée, ils coulent dans l'oifiveté des jours inutiles, tandis que leurs Etats font la proie de l'avidité, des intrigues, de l'imprudence, & des fureurs de leurs indignes Favoris.

En parcourant les annales du monde, fi nous rencontrons quelques Princes vertueux, ils reffemblent à ces météores qui n'éclairent pendant quelques inftants le voyageur égaré, que pour le replonger enfuite dans une nuit plus terrible. Prefque toutes les contrées de la terre gémiffent depuis tant de fiecles fous l'oppreffion la plus cruelle ; le pouvoir injufte d'un feul eft établi prefqu'en tous lieux fur les ruines de la félicité publique. Les fouverains méconnoiffent les droits des hommes, les violent & les outragent. Les Peuples font conduits à la boucherie, & périffent pour rendre fameux un Monarque turbulent ; leurs tréfors font répandus fur des Courtifans faméliques ; les Nations fubjuguées par la force & le préjugé ofent à peine demander à leurs Souverains le bonheur que la Nature les met en droit d'en exiger.

En un mot, nous voyons prefque dans tous les tems & dans toutes les parties de la terre, les hommes malheureux de pere en fils, écrafés fous les paffions, l'ignorance & la ftupidité de ceux qui devroient s'occuper de leur bonheur. Nous voyons par-tout les Nations foumifes à des Princes ou trop forts pour être juftes, ou trop ignorants pour connoître leurs devoirs, ou trop indolents pour travailler au bien-être de leurs Sujets. Leur efprit eft communément fans lumieres ; leur cœur eft dépourvu de fenfibilité, & leur corps eft énervé par la moleffe & la débauche. Les faftes des Empires nous préfentent tantôt des guerriers féroces, tantôt une longue fuite de Monarques fainéans, vicieux, diffipés, qui n'ont été que des ennemis publics autorifés par la lâcheté des Peuples, ou qui, incapables de gouverner par eux-mêmes, ont abandonné leurs Etats à des Miniftres imprudents, ignorants & méchants. Ainfi le fort des Empires fut toujours réglé par ceux des Citoyens qui eurent le plus de vices & le moins de talents ; toute ame honnête eft indignée à la vue des hommes par qui les Nations & les Princes font très fouvent gouvernés.

Lorsqu'une Nation confent à tranfmettre au fang de fes Monarques, le droit de la gouverner, le bon fens voudroit au moins qu'elle prît des mefures pour qu'une éducation vertueufe formât les jeunes ans de ceux qui doivent un jour devenir fes arbitres. Les hommes chargés d'inftruire les Princes ne devroient-ils pas être refponfables de la conduite, des fentimens & des lumieres de leurs éleves ? La vengeance publique ne devroit-elle pas pourfuivre ceux qui les ont égarés ou qui leur ont laiffé ignorer tous leurs devoirs ? Enfin les Peuples ne devroient-ils pas rejetter ces indignes éleves formés au vice, à l'humanité & à la tyrannie ? Ceux que le sort destine à façonner les ames des Princes, auroient-ils donc tant de peine à leur apprendre qu'ils sont des hommes ; qu'ils sont faits pour gouverner des hommes ; que dépositaires du Pouvoir des Nations, il ne leur est point permis de les rendre malheureuses ? Que toute autorité légitime ne peut être fondée que sur la faculté de rendre heureux ceux qui consentent à lui obéir ; que le Souverain injuste invite au crime chacun de ceux qu'il opprime ; qu'un Tyran n'a que des ennemis & n'est pas fait pour avoir ni des Sujets fideles, ni pour commander à de bons Citoyens ?

SOMMAIRE DU QUATRIEME DISCOURS.

DES
SUJETS.

§. I. Des Citoyens, des Sujets & des Esclaves.

APRES avoir montré les limites naturelles de l'Autorité des Souverains, examinons maintenant les droits des Sujets ou des Peuples. Vainement les Loix parleront-elles, si elles ne sont écoutées. L'obéissance est donc un devoir pour tous les Sujets d'un Etat ; elle est un sacrifice nécessaire que chaque membre fait de sa volonté particuliere, souvent injuste & déraisonnable, à la volonté de tous, plus éclairée que la sienne. Cette déférence n'est point gratuite ; l'obéissance est naturellement proportionnée au bien-être, à la protection & aux secours que le Sujet éprouve de l'Autorité qui le gouverne. Ce sacrifice est compensé par un avantage plus grand ; il devient nécessaire par la crainte des maux auxquels il s'exposeroit s'il vouloit s'en soustraire, ou s'il refusoit de se conformer à ses volontés. Dès qu'une Nation a établi, au milieu d'elle, une Autorité chargée de faire entendre ſes volontés, cette Autorité doit contraindre indiſtinctement tous ſes membres. La Loi doit être uniforme, & commander également à tous ; étant l'expreſſion du vœu public, n'ayant pour but que le bien général, deſtinée à mettre un frein aux paſſions des hommes, enfin faite pour remédier aux inconvéniens réſultants de l'inégalité que les forces, les talents & les richeſſes pourroient mettre entre eux, aucun de ces objets ne ſeroit rempli, ſi elle ne parloit à tous avec la même force.

La Loi commande à des Sujets ; le Deſpotiſme commande à des Eſclaves ; la Tyrannie commande à des Ennemis. Il n'eſt de vrais Sujets que pour des Souverains légitimes ; & il n'eſt des Souverains légitimes, que lorſqu'ils gouvernent les Peuples de leur conſentement , ou quand la volonté du Chef eſt l'expreſſion fidele de celle de la Société ; en obéiſſant à des Loix qu'elle approuve, le Sujet peut ſe dire *Citoyen* ; il exiſte pour lui une *Cité*, une *Patrie* ; il ſent la néceſſité de s'y attacher en vue des ſecours, des biens, de la ſûreté qu'elle lui procure. Telle eſt la meſure de ſon amour pour ſon Pays, & pour ſon Gouvernement. Il les chérira, tant qu'ils le maintiendront dans une façon d'exiſter qu'il approuve ; le ſacrifice qu'il leur fait d'une portion de ſon indépendance, ne peut être que proportionné aux biens qui en réſultent pour lui. Il n'y a de Citoyens que ſous un Gouvernement équitable ; ſous un Pouvoir tyrannique le Gouvernement ne peut avoir que des ennemis qui deſirent ſa ruine ; il n'a pour fauteurs & pour appuis, que des flatteurs, des traîtres, des ames corrompues.   §. II.

§. II. *De l'Obéissance.*

L'obeissance n'a pour motif que l'espérance d'un bien ou la crainte d'un mal; l'homme ne renonce à sa propre volonté, que pour obtenir un bonheur plus grand que celui qu'il obtiendroit en se guidant selon sa propre fantaisie, ou pour éviter le malheur qui suivroit sa désobéissance. C'est donc un intérêt éclairé par la raison, qui doit engager le Citoyen à se soumettre aux Loix justes d'une Société qui s'occupe du bien-être de ses membres. Sous un Gouvernement despotique ou tyrannique, l'obéissance n'a d'autre motif que la crainte d'un Pouvoir injuste qui ne sert qu'à appuyer le caprice de celui qui commande, sans procurer d'avantages à celui qui obéit; c'est alors la force qui arrache une soumission extérieure que le cœur désavoue. En obéissant, le Citoyen travaille à son propre bonheur; en obéissant, l'esclave ne travaille que pour un maître qu'il déteste, sans aucun profit pour lui-même ni pour la Société. Il n'y a que l'attente du bonheur qui puisse déterminer un être raisonnable à obéir à un autre; c'est une violence, une injustice, une tyrannie, que de forcer un homme à renoncer à sa liberté naturelle sans qu'il en résulte pour lui d'avantages réels.

§. III. *De ses Limites.*

Les membres d'une Société qui refusent d'obéir à l'Autorité qu'elle approuve, sont des *Rebelles*; ceux qui refusent d'obéir à un Pouvoir injuste, nuisible & qu'elle désapprouve, sont des Citoyens fideles à la Patrie : le Tyran, l'Usurpateur font alors les feuls rebelles; ils réfiftent à la volonté générale contre laquelle il ne leur eft point permis de s'élever. Ceux qui conjointement avec un Tyran confpirent contre la Société dont ils font membres, ne reffemblent-ils pas à des fils dénaturés qui aideroient un voleur à piller la maifon de leur père?

CES principes ferviront à nous faire connoître les bornes légitimes de l'obéiffance. Qu'elle foit illimitée, lorfque la volonté du Souverain ne fera que l'expreffion de la volonté publique; elle feroit aveugle, infenfée, criminelle, lorfque l'Ufurpateur fubftituera fa propre volonté à celle de la Société, à laquelle les Sujets font unis par des liens antérieurs & bien plus facrés, que ceux qui les attachent à leurs Souverains. L'obéiffance aveugle n'eft faite que pour des efclaves. Le Citoyen n'obéit qu'à ce que l'Autorité a droit de lui commander, & jamais l'Autorité n'a droit de rien commander de contraire à la nature, à la juftice & au bien-être d'un tout auquel elle eft fubordonnée.

§. IV. *Queftions fur le même fujet.*

MAIS, dira-t-on, comment juger de la juftice ou de l'utilité des ordres du Souverain? Comment connoître le vœu de la Société à laquelle fouvent il n'eft point libre de s'expliquer? Je réponds que les Loix de la nature & de la raifon font connues de tous ceux que la paffion, l'intérêt ou le préjugé n'ont point totalement aveuglés : tous font à portée de juger fi les ordres qu'on leur donne y font oppofés ou conformes, lorſqu'un Tyran furieux ordonne à quelques-uns de ſes Sujets d'égorger ceux de leurs Concitoyens qui refuſeront d'obéir à ſes volontés arbitraires; lorſqu'il voudra les employer à priver des Concitoyens de leur liberté, de leur propriété & des autres avantages dont la Nature & la Société lui garantiſſent l'uſage; lorſqu'un Tyran anéantira les loix expreſſes d'une Nation qu'il gouverne, quels ſont les Sujets qui ſe conformeront à ſes ordres? Tout être raiſonnable n'en ſent-il pas l'injuſtice? Le cœur de tout Citoyen n'en eſt-il pas révolté?

§. V. *Du vœu de la Nation.*

La volonté de la Société ſera toujours ſuffiſamment connue; & le Citoyen ne peut ignorer les ordres qu'il doit ſuivre, lorſque d'un côté le Souverain tout ſeul, & d'un autre la Société entiere auront des volontés diſcordantes. On ne peut aſſez le répéter, les droits des Nations ſont antérieurs à ceux des Rois qu'elles ont choiſis pour les placer à leurs têtes. Elles n'ont jamais perdu le droit de limiter, d'altérer, de circonſcrire, de révoquer les pouvoirs qu'elles ont donnés, dès qu'elles en reconnoiſſent les abus. C'eſt alors leur voix, & non celle du Souverain qui doit être écoutée. Les Sujets ligués avec un Tyran pour opprimer leur Patrie, ſont des brigands, des rebelles, des furieux, à qui la Patrie a droit d'oppoſer toute ſa force, & qu'elle punira juſtement des crimes dont ils ſe rendent coupables en ſoutenant ſes ennemis.

Ces maximes paroîtront, ſans doute, étranges & dangereufes à des hommes accoutumés à confondre le Souverain avec fa Nation ; elles révolteront des ames avilies, en qui la dégradation eft devenue héréditaire ; elles paroîtront fauffes à des aveugles qui n'ont aucune idée des droits de la Société : elles feront traitées de féditieufes par des flatteurs & des courtifans mercénaires que des intérêts méprifables uniffent toujours avec le pouvoir le plus injufte. Mais la vérité de ces principes frappera tous ceux qui, remontant au but de l'affociation, aux fentimens inhérents à la nature humaine, aux droits inaliénables des Peuples, ne s'en laifferont point impofer par des mots. Obéiffez fans examen à l'Autorité, nous crie le Defpotifme ; obéiffez plutôt à la Nature, à la Juftice, à la Patrie, nous crie l'intérêt général, dont la voix eft faite en tout tems pour commander au Citoyen.

§. VI. *Des Mécontentemens Publics.*

AINSI que l'Autorité, l'obéiffance a donc des bornes ; elles font invariablement fixées par la juftice, par l'utilité, par les circonftances, par le vœu général de la Société. On dira, peut-être, qu'il eft impoffible au Souverain le plus équitable de gouverner d'une maniere également avantageufe pour tous fes Sujets, ou qui jamais ne faffe des mécontens. Je réponds qu'il fuffit que fa façon de gouverner convienne au plus grand nombre. Avec les intentions les plus pures, un Souverain peut quelquefois déplaire à fes Peuples par fes Loix, mais il les révoquera, dès que fes Peuples lui en feront fentir les inconvéniens. Sous le Prince le plus vertueux, un grand nombre de Citoyens peuvent être malheureux pour un tems, mais leur infortune aura fon terme, dès qu'elle fera connue. La conduite d'un Gouvernement ne caufe un mécontentement général, que lorfqu'elle eft évidemment & continuement mauvaife, ou lorfque, bonne en elle-même, elle eft malicieufement interprêtée par de mauvais Citoyens. Dans le premier cas, il faut remonter à la fource du mal, & détruire dans l'adminiftration, le vice qui déplaît à la Nation : dans le fecond cas, un Souverain doit détromper fes Peuples, leur faire connoître la droiture de fes vues ; les guérir peu à peu des préjugés qui les aveuglent ; leur dévoiler les complots des hommes corrompus & féditieux qui cherchent à les indifpofer contre des mefures raifonnables, utiles à la Patrie. Les Sujets ne font oppofés à la raifon, que lorfque les Souverains fe croient difpenfés de leur parler raifon; les maux des Sujets ne font fans remedes, que lorfqu'ils font inconnus de leurs maîtres, ou quand des intérêts mal entendus ou une injufte vanité les rendent fourds à leurs plaintes. Le vœu d'une Nation eft toujours connu, dès que la violence ne l'empêche point de s'exprimer. Même fous l'Autorité la plus tyrannique, les defirs des Peuples fe font affez fentir, ils frappent les yeux de tout Citoyen raifonnable; il s'apperçoit bientôt des circonftances où fon obéiffance à fes Maîtres feroit funefte à fon pays.

Est-il donc fi difficile de connoître le vœu d'une Nation, quand on voit les Villes & les Provinces livrées à la rapacité des Satrapes & des Concuffionaires; quand des impôts exceffifs rendent les campagnes incultes & dépeuplées ; quand on voit que le travail le plus pénible fournit à peine au cultivateur de quoi se nourrir & se défendre des injures de l'air : quand on voit que les Loix n'ont évidemment pour objet que de ravir aux Citoyens leurs propriétés ; quand on voit le Despotisme effronté ne respecter ni la personne, ni l'état, ni le rang ; quand on voit les trésors de l'Etat indignement dissipés pour récompenser les vices d'un tas d'intrigants, de sycophantes, de flatteurs ; enfin quand on voit que depuis le Citoyen le plus distingué jusqu'au plus misérable, tout le monde est continuellement exposé à devenir la victime du caprice, de la vengeance, de l'injustice, de la délation, de l'intrigue ? Dans une Nation où personne n'est à l'abri de la violence ; où la justice est anéantie ; où personne, en un mot, ne jouit de la propriété, de la sûreté personnelle, de la liberté, le Citoyen équitable ne sera incertain ni sur l'état de sa Patrie, ni sur le parti qu'il doit prendre en cas qu'elle se déclare.

§. VII. *Des Troubles.*

MAIS, dira-t-on, quel parti prendra-t-il, si seulement une portion de la Nation vient à s'armer contre le Souverain ? Il consultera les lumiéres de sa raison ; il embrassera le parti qu'il jugera le plus avantageux à sa Patrie ; il peut se tromper, sans doute, mais son cœur ne lui reprochera rien, lorsque le bien de son pays sera le vrai motif de ses démarches. Il peut arriver, quoique très-rarement, qu'une Nation aveuglée méconnoisse quelquefois les services d'un Souverain vertueux : il peut arriver qu'elle s'oppose au bien même qu'il veut lui faire, mais la volonté de tous n'est jamais faite pour être sacrifiée à la volonté d'un seul; nul homme ne peut acquérir le droit de commander à une Nation contre son gré ; le Monarque peut alors lui représenter son injustice, tâcher peu-à-peu de l'appeller à la raison, lui faire sentir avec douceur les suites de ses démarches imprudentes ; mais il mettroit l'injustice de son côté, il deviendroit un Usurpateur & un Tyran, s'il s'opiniâtroit à lui imposer un joug qu'elle abhorre, ou à la soumettre à des Loix qu'elle rejette. Le Souverain le plus légitime, le plus sage, le plus vertueux ne seroit plus qu'un Tyran, si, contre le vœu public, il s'obstinoit à gouverner ; il rentre dans l'ordre des Sujets, dès que la volonté publique a révoqué ses pouvoirs.

Le Citoyen ne peut, sans trahir son devoir, refuser de prendre parti pour son pays contre le Tyran qui l'opprime. Le désespoir arme souvent les mains de la vertu même contre la violence d'un pouvoir inique. La force est le seul remede contre la force; une Nation entiere n'est jamais totalement mécontente sans les plus fortes raisons; les Peuples sont tranquilles, tant que leurs maux sont supportables; la crainte de maux plus grands les retient dans l'inertie; c'est toujours la négligence ou l'injustice excessive des Princes qui les privent de l'affection de leurs Sujets; ce n'est que l'excès de la violence qui les pousse à chercher des moyens extrêmes pour améliorer leur sort. Il n'y auroit point de révolte, s'il n'y avoit point de Tyrannie.

§. VIII. *De leurs caufes.*

EN EFFET, ne voyons-nous pas dans les Peuples, un attachement invincible pour des Souverains qui fouvent ne leur font que du mal, ou qui s'embarraffent fort peu de leur faire du bien? Le Peuple eft toujours prêt à difculper fes maîtres, lors même qu'il a lieu de s'en plaindre, il s'imagine qu'ils ignorent fes maux & qu'ils y remédieroient, s'ils étoient mieux inftruits. Un refpect héréditaire pour l'Autorité, l'éclat qui l'environne, l'antiquité de la poffeffion, font des liens puiffants qui attachent les Sujets à leurs Souverains & qui les leur rendent chers malgré leur négligence ou leurs iniquités. Les Nations fuppofent toujours que leurs Chefs ne peuvent être leurs ennemis : il n'y a que la tyrannie la plus effrontée qui foit capable de les détromper, & qui leur montre qu'elles n'ont affaire qu'à des ingrats qui abufent de leur tendreffe & de leur docilité, ou que d'infâmes confeillers endurciffent & rendent infenfibles à la tendreffe de leurs Sujets. Eft-il un crime plus déteftable, que celui de ces Miniftres qui font que les Peres des Peuples rebutent les cœurs de leurs Enfants!

CE n'eft jamais qu'au fein des Nations fatiguées par des violences continuelles, qu'il s'éleve des ambitieux ou des fanatiques dont la voix fe fait écouter. Le feu de la révolte ne s'allume, que lorfqu'il rencontre dans les efprits, des matieres combuftibles. Des Sujets turbulents & des rebellions fréquentes annoncent toujours un Gouvernement vicieux ou des Souverains négligents. L'hiftoire ne nous fournit gueres d'exemples de

Souverains injuſtement détrônés; mais elle nous en montre un nombre infini qui ont juſtement mérité la colere de leurs Sujets.

§. IX. *Le Citoyen doit être patient.*

RIEN n'eſt plus criminel, ſans doute, que les révoltes d'une portion, quelquefois peu conſidérable, de la Nation contre l'Autorité la plus légitime. Les engagements qui lient les Sujets à leurs Maîtres, le bon ordre, la ſûreté ordonnent à chaque Citoyen de demeurer en repos. Que la Société ſe venge des maux dont elle a droit de ſe plaindre; que des Citoyens fideles la ſecondent, quand elle s'eſt expliquée, mais qu'ils ne troublent jamais ſans ſon aveu l'ordre qu'elle établit; qu'ils ne ſe révoltent pas contre les maux paſſagers qu'elle conſent à ſupporter. Tout tomberoit dans l'anarchie, ſi le Sujet ſe faiſoit juſtice à lui-même. Citoyen! fuis une Patrie qui te rend malheureux, ou gémis en ſecret des maux que tu éprouves tout ſeul; tu dois au repos de l'Etat, le ſacrifice de ton reſſentiment perſonnel. La Société réunie ou repréſentée a droit ſeule de réſiſter, de faire rentrer dans le devoir, de punir les prévaricateurs qui l'oppriment; alors tu lui prêteras ton bras, tu combattras pour elle, tu la ſoutiendras dans ſes demandes; tu le dois, & tu rempliras ton devoir en refuſant avec elle d'obéir à des volontés déſavouées par ta Nation; tu ne peux être criminel en ſuivant ſes drapeaux.

VOUS, Souverains, que vos ordres ſoient juſtes, ſi vous voulez être obéis. Vous ne trouverez point des Sujets rebelles, lorſque vous ne ferez point vous-mêmes rebelles à l'Autorité qui doit régler la vôtre; lorſque fideles organes de la Société, vos Loix feront conformes à ſon but. Les Princes font des rebelles, lorſqu'ils réſiſtent à l'équité; les Sujets ſont des rebelles, lorſqu'ils réſiſtent à l'Autorité qui les gouverne équitablement. Les paſſions peuvent quelquefois rendre les Sujets injuſtes & criminels, ainſi que les Souverains; la violence ne juſtifie pas plus les excès des uns, que ceux des autres. Les légions qui arracherent l'Empire & la vie au pacifique *Probus*, ne furent pas moins criminelles que *Néron* qui, dans ſon délire, réduiſit ſa capitale en cendres.

§. X. *Il doit obéir aux Loix, & ſe conformer au Vœu public.*

AINSI les Sujets ne peuvent ſe diſpenſer d'obéir ſans réſerve aux Souverains qui les gouvernent d'après des Loix juſtes, utiles & néceſſaires; alors déſobéir au Souverain, c'eſt déſobéir à la Société, c'eſt s'ériger en juge de ſa propre autorité, c'eſt ſortir de ſon rang; ce feroit un amour propre bien étrange que celui d'un Citoyen qui prétendroit que ſes intérêts doivent être preférés à ceux de la Société réunie; ſi l'obéiſſance lui devient pénible ou déplaiſante, il doit ſe ſouvenir qu'elle eſt un ſacrifice que le corps dont il eſt membre a payé de ſes bienfaits. Il a dû lui ſubordonner ſes deſirs, ſes paſſions & ſes intérêts; ce n'eſt qu'à cette condition qu'il en eſt protégé & maintenu dans les avantages qu'il peut juſtement eſpérer : je dis *juſtement*, car nul Citoyen, nul ordre d'hommes, nul corps dans une

Nation ne peuvent avec juſtice ſe préférer au tout. En vivant en Société, l'homme a dû prévoir que nulle puiſſance humaine ne pouvoit le garantir des coups de la néceſſité, ni des inconvénients attachés à l'aſſociation qui, en augmentant les biens dont il jouit, ne peut pas l'exempter de tous maux. Le Sujet ſeroit donc déraiſonnable, s'il prétendoit à un bonheur permanent; il ſeroit un ingrat, ſi, après avoir éprouvé les plaiſirs de l'aſſociation, il refuſoit d'en partager les peines; il reſſembleroit à ces hommes mercénaires qui ne s'attachent à leurs amis, que dans la vue de profiter de leur opulence, & qui les abandonnent aux approches de l'infortune. Les Loix ceſſent-elles de me protéger? Des Souverains injuſtes me privent-ils des biens que la Nature m'a rendus néceſſaires? Une adminiſtration inſenſée me livre-t-elle ſans défenſe à l'oppreſſion? La Société, ſi elle ſe tait, manque à ſes engagements; rendu alors à moi-même, je puis quitter une Patrie qui n'eſt plus qu'une priſon pour moi. Dégagé de mes liens, tout m'autoriſe à chercher en d'autres lieux, un bonheur auquel ma nature me fait tendre ſans ceſſe. Le Citoyen vertueux n'excite jamais de troubles. Quand la Patrie ſe plaint, il joint ſa voix à la ſienne; quand il eſt ſeul à plaindre, il ſouffre avec courage, ou il s'éloigne d'une Société où il ne trouve point les avantages qu'il avoit droit d'eſpérer.

§. XI. *De l'inégalité entre les Citoyens.*

La Nature ayant rendu les hommes inégaux par les forces du corps, les diſpoſitions du cœur & les talents de l'esprit, la Société, en vue de son bien-être, doit pareillement mettre de la différence entre ses membres, & proportionner son estime, son affection & ses récompenses à l'utilité, c'est-à-dire au mérite, aux facultés, aux vertus des Citoyens qui la composent. Delà naissent différents ordres de Citoyens, distingués les uns des autres par leurs départements & leurs fonctions, qui, par des voies différentes, doivent concourir au plan général de l'association. L'objet du Gouvernement & des Loix doit être de diriger vers l'intérêt général, toutes les facultés des Sujets & par conséquent d'empêcher qu'aucun des membres de l'Etat n'abuse contre les autres des avantages qu'ils possedent. Les besoins d'une Nation exigent que les Citoyens s'occupent d'objets divers ; par là il s'établit un échange de secours sans lequel l'association ne pourroit subsister. Depuis le Citoyen que le préjugé regarde comme le plus vil, jusqu'à celui qui gouverne l'Etat, il doit se former une chaîne de services, seuls liens qui puissent unir entre eux des êtres de la même nature. Le Peuple obligé de travailler pour sa subsistance s'occupe des ouvrages les plus pénibles, de la culture des terres, du commerce, des arts ; en échange des services qu'il reçoit de ses Concitoyens, il les nourrit, il les vêt, il leur procure les besoins & les agréments de la vie ; il travaille pour ceux qui s'engagent à le gouverner, à veiller pour sa sûreté, à méditer pour lui, à s'occuper de ses besoins, à maintenir la tranquillité nécessaire à ses travaux, à terminer ses disputes. Sans ces secours mutuels, la Société ne tarderoit point à se détruire. Tout Citoyen doit concourir au bien public à sa maniere. Dans un Etat bien gouverné, la vertu, l'utilité, l'industrie, l'activité, les talents doivent être la mesure invariable des récompenses. L'homme inutile interrompt la chaîne qui lie les Citoyens, l'homme criminel la brise.

§. XII. *Origine des Rangs.*

Si l'utilité dont les Sujets sont à l'Etat met de l'inégalité entre eux, cette inégalité est compensée par le besoin que tous ont des mêmes secours. Ainsi dans une Société bien réglée, nul homme n'est méprisable, dès qu'il est vraiment utile; tout Citoyen est précieux, dès qu'il remplit les fonctions que son rang lui assigne. Le Souverain est, sans doute, le plus utile des Citoyens, dès que ses soins répandent le bonheur sur toute la Société; sa grandeur n'est fondée que sur l'étendue de son utilité, de ses talents, de sa vigilance. Le Sujet le plus estimable est celui de qui la Société retire le plus de secours. Ainsi la nature de la Société veut que tous ses membres lui soient chers, dès que, fideles à leurs engagements, ils concourent à l'utilité commune; elle veut que sa tendresse & son estime se proportionnent à l'étendue des avantages qu'on lui fait éprouver. Elle veut que le mépris, la haine & les punitions soient le partage de ceux qui lui sont inutiles ou nuisibles.

L'amour de soi, l'intérêt personnel, le desir d'être préféré à ses semblables, sont des sentiments qui se montrent dans tous les hommes. Ceux qui gouvernent une Société, n'ont pas de mobile plus puiſſant pour faire ſervir ſes membres à l'utilité générale. Le Gouvernement doit flatter les paſſions des Citoyens utiles à l'Etat, en leur donnant de l'autorité, des titres, des marques de préférences, des récompenſes qui les diſtinguent de leurs Concitoyens : ceux-ci conſentent à cette partialité apparente, en vue des avantages qu'ils attendent eux-mêmes de ceux qu'on éleve ſur leurs têtes. Ces préférences, auxquelles la Société ſouſcrit, mettent ceux qui la ſervent à portée de jouir plus heureuſement de leur exiſtence, que ceux d'entre ſes membres à qui elle n'a point les mêmes obligations.

§. XIII. *Des Récompenſes Publiques.*

LE s récompenſes ſont ou des biens phyſiques, ou des avantages fondés ſur l'opinion ; elles procurent, ou un bien-être ſenſible & matériel, ou une ſatisfaction intérieure & idéale qui réſulte de l'eſtime, du reſpect & des diſtinctions, motifs faits pour toucher des êtres dont chacun ſe préfere à ſes ſemblables. C'eſt ainſi que l'amour de ſoi, & les paſſions des Citoyens, convenablement dirigées, tournent au profit de la Société. Telle eſt l'origine des rangs divers que les vertus, les talents, les emplois, la naiſſance, les richeſſes mettent entre les Citoyens. Ces diſtinctions ſont fondées ſur un ſacrifice que les membres aſſociés font de l'égalité, ou même de la préférence que chacun d'eux deſire pour lui-même, en faveur des bienfaits qu'ils ont reçus ou qu'ils attendent. Ce ſacrifice n'eſt point gratuit : les hommes, à moins d'être aveugles, n'accordent leur tendreſſe, leurs reſpects & leur reconnoiſſance à quelques-uns de leurs pareils, ne s'intéreſſent à leur bien-être, ne leur immolent leur intérêt particulier, qu'en vue des avantages qu'il en retirent ou qu'ils ſe croient en droit d'en eſpérer. Le reſpect pour l'Autorité, la déférence qu'on montre au rang, l'obéiſſance à l'ordre des perſonnes diſtinguées ne ſont que des expreſſions de la diſpoſition où nous ſommes de reconnoître le mérite, les talents, la ſupériorité, l'utilité de ceux que la Société nous préfere. Le Citoyen opulent ne ſe fait reſpecter de l'indigent, que parce que celui-ci voit en lui un homme utile pour lui-même & pour d'autres. Le Citoyen obſcur voit dans le Citoyen puiſſant, un protecteur, un appui. L'avare eſt l'objet du mépris ; parce que ſon tréſor eſt inutile. Le puiſſant devient l'objet de la haine, dès qu'il opprime. Dès qu'on nous eſt inutile ou nuiſible, nous n'éprouvons que de l'indifférence ou de la haine. La conſidération ne peut être fondée que ſur l'amour, & l'amour n'eſt fondé que ſur le bien que l'on reçoit ; aimer, eſtimer, reſpecter ce qui eſt inutile ou dangereux, ſeroit une pure folie.

Si nous avons pour le rang, la naiſſance, le crédit, le pouvoir, les ſentiments qui ne ſont dûs qu'à la perſonne & aux avantages qu'elle nous procure, nous ſommes les dupes de quelqu'erreur, ou nous mentons à nous-mêmes. Sous un mauvais Gouvernement l'affection pour la puiſſance n'eſt qu'une hypocriſie, un menſonge, un effet de la crainte.

Ce n'eſt que pour ſon bien, que la Société

peut confentir à l'inégalité qui s'établit entre fes membres ; dès qu'elle accorde fon amour, la confidération & fon eftime à des qualités méprifables ou haïffables, elle eft la dupe de l'habitude, de l'opinion, de l'ignorance & de fes vues bornées. Cela pofé, voyons quels font les devoirs, les prérogatives & les droits des différentes claffes de Citoyens dans lefquelles une Nation eft communément partagée ; fi l'utilité eft la fource légitime des rangs, des titres, des honneurs que l'on accorde à quelques Sujets préférablement aux autres, pefons les avantages que procurent à l'Etat ceux qui jouiffent de ces diftinctions ; mettons les hommes dans la balance, comparons-les aux fruits que la Société en retire, & nous ne nous tromperons jamais fur les jugements que nous en devons porter. La Nature a fait les hommes égaux pour les droits, pour les defirs, pour l'amour du bonheur & de l'indépendance, mais elle les a fait inégaux pour les facultés ou les moyens de contenter leurs vœux : ils ne peuvent raifonnablement faire céder leurs penchants propres à ceux de leurs femblables, qu'en vertu des avantages qui en réfultent pour eux-mêmes. Le Citoyen diftingué prend donc des engagements avec ceux qui le diftinguent ; ceux-ci ne peuvent avoir pour lui, les fentiments qu'il demande, que lorfqu'il remplit à leur égard les conditions de fes engagements. C'eft un abus que de confidérer ou de diftinguer l'inutilité ; un Citoyen inutile eft un mauvais Citoyen. L'utilité feule peut fonder les prétentions, les prérogatives & les titres du Monarque, ainfi que celles du plus humble des Sujets. Nous avons examiné les droits des Souverains,

verains, voyons maintenant ceux des autres Citoyens, & commençons par ceux des *Repréſentants* d'une Nation.

§. XIV. *Des Repréſentants d'une Nation.*

On a vu ci-devant que, ſous un Gouvernement ſagement tempéré, la Nation étoit repréſentée par un Corps ou Sénat deſtiné à prévenir les abus de l'Autorité Souveraine, & qui, pour ainſi dire, formoit une moyenne proportionnelle entre le Peuple & le Monarque. Telles ſont les fonctions des *Repréſentants* d'une Nation ; leurs droits, inviolables pour le Souverain, ſont reſpectables pour les Peuples, tant qu'ils s'acquittent fidélement des devoirs qui leur ſont impoſés par leurs Conſtituants ; tant qu'ils veillent à leurs intérêts ; tant que leurs lumieres découvrent les maux dont la Nation peut ſe plaindre & en indiquent les remedes ; tant qu'ils réſiſtent aux volontés contraires au vœu général des Sujets. Mais les prérogatives & les droits des Repréſentants de la Société diſparoiſſent, lorſque devenus des organes infideles du Peuple, de qui leur pouvoir eſt émané, ils les livrent à l'oppreſſion, ils concourent aux infractions que l'Autorité fait aux Loix, ils ſe prêtent aux vues injuſtes d'un Souverain ou de ſes Miniſtres ; enfin lorſqu'ils leur rendent & leur livrent les biens & la liberté de leurs Concitoyens. Leur pouvoir n'eſt plus alors qu'une uſurpation manifeſte ; ils en abuſent lorſqu'ils violent eux-mêmes les loix qu'ils ſont faits pour maintenir ; lorſque ſous prétexte de leurs prérogatives, ils s'arrogent le droit d'être injuſtes impunément ; lorſqu'ils pré-

tendent à des exemptions onéreuſes à leurs Concitoyens, auxquels ils doivent l'exemple ; lorſqu'ils
tiennent un langage déſavoué par leurs Conſti-
tuans ; enfin lorſqu'en proie à l'eſprit de corps,
aux factions, aux cabales, ils font céder le
bien public à leurs paſſions, à leur ambition,
à leur avarice : ils ne font alors que des interprêtes infideles, des factieux & des traîtres dont
les Conſtituants font en droit de révoquer les
pouvoirs. Les Repréſentants d'un Peuple ont
droit de le ſervir, de parler en ſon nom d'une
façon moins tumultueuſe qu'il ne feroit lui-même,
de veiller à ſon bonheur que ſouvent il mécon-
noît : jamais ils n'ont le droit de l'aſſervir. Si
la Société ne peut elle-même renoncer à ſes
droits, eſt-il quelqu'un qui puiſſe y renoncer
pour elle ? Perſonne ne peut parler pour elle,
que lorſqu'elle conſent à ne point parler elle-
même.

§. XV. *Quels ils doivent être.*

ON demandera, peut-être, dans un Etat
bien conſtitué qui font ceux qui ont naturellement le droit de repréſenter la Nation ? Je réponds que ce font les Citoyens les plus à portée
de connoître ſon état, ſes beſoins & ſes droits,
& les plus intéreſſés à la félicité publique. Il
faut des talents, des lumieres, de la probité
pour parler au nom d'une Nation ; il faut être
lié d'intérêts avec elle, pour la repréſenter fidélement. Mais qu'eſt-ce qui lie le Citoyen à ſa
Patrie ? Ce font les poſſeſſions deſquelles dépend
ſon propre bien-être ; c'eſt la terre qu'il poſſede
qui lui rend cette Patrie chere ; c'eſt cette poſ-

feſſion qui l'identifie avec ſon pays ; c'eſt ſur la terre que retombent, ſoit directement, ſoit indirectement, les impôts, les biens & les maux qui arrivent à une Nation ; c'eſt pour défendre la poſſeſſion de la terre, que la guerre eſt deſtinée ; c'eſt pour faire circuler les dons que la terre produit, que le commerce eſt néceſſaire ; c'eſt pour aſſûrer les terres à leurs propriétaires, que la juriſprudence eſt utile. Ainſi la poſſeſſion de la terre conſtitue le vrai Citoyen ; & tout vrai Citoyen doit être repréſenté dans l'Etat, il doit y parler en raiſon de l'intérêt qu'il a dans la choſe publique. La brigue, la vénalité ne donneront jamais de fideles Repréſentans à une Nation ; elle ne ſera pour lors repréſentée que par des hommes incapables qui auront aſſez d'argent pour acheter des ſuffrages, ou par des ambitieux & des avares qui la revendront pour des titres, des honneurs ou des richeſſes ; ou par des factieux qui la déchireront.

La corruption eſt la ruine d'un Gouvernement tempéré ; un Peuple ne peut être repréſenté fidélement, s'il vend à ſes Concitoyens le droit de parler pour lui, les hommes n'achetent communément, que pour revendre à profit ; un Citoyen vertueux ne s'abaiſſe point à acheter les ſuffrages d'un Peuple qu'il ne pourroit conſentir à livrer. Un Peuple qui ſe vend, devient complice des trahiſons qu'on lui fait ; en vendant ſes ſuffrages à ſes Repréſentants, il autoriſe ceux-ci à vendre les leurs.

On nous dira, peut-être, que le Peuple n'eſt point un juge compétent du mérite des Candidats qui par leurs poſſeſſions ſont dans le cas de prétendre à l'honneur de le repréſenter. Je réponds que le Peuple ſe trompe rarement ſur le caractere des Citoyens qu'il a ſous ſes yeux ; s'il ne choiſiſſoit jamais pour ſes Repréſentants que des hommes établis dans ſa ville, dans ſon bourg, dans ſa Province, il en jugeroit ſainement & ſauroit ce qu'il a droit d'en attendre ; un homme éclairé, honnête & vertueux, un Citoyen riche & bon n'eſt jamais inconnu dans le canton qu'il habite. Otez la corruption, & les choix du Peuple ſeront communément très-ſenſés.

§. XVI. *Doivent ſtipuler pour tous.*

Nul ordre de Citoyens, nul corps dans l'Etat ne peut raiſonnablement s'arroger le droit de repréſenter uniquement la Nation ; ſans cela le Gouvernement dégénere bientôt en une Ariſtocratie funeſte au Monarque & au reſte des Sujets. Dans un Etat bien conſtitué, les différentes claſſes des Citoyens doivent ſe balancer les unes les autres, ſans qu'aucune prenne un aſcendant trop marqué ; ſi la choſe arrivoit, la claſſe devenue dominante deviendroit bientôt la maîtreſſe de l'Etat & l'équilibre ſeroit détruit.

Nous aurons occaſion de faire voir que dans l'origine de preſque tous les Gouvernements modernes, des Guerriers ou des *Nobles* ſe ſont crus autoriſés par la conquête à repréſenter excluſivement & pour toujours les Nations conquiſes, & peu-à-peu ſont parvenus à ne faire des Souverains, que des phantômes, & du Peuple, que des eſclaves. Tout Corps nombreux, lorſqu'il n'eſt pas contenu, ne s'occupe que de lui-même, ne ſtipule que ſes propres intérêts, devient le centre unique de la Société, & dégénere peu-à-peu en une eſpece de Démocratie, où l'on voit les factions, la licence & l'anarchie de ce Gouvernement ſi précaire. Si le corps des **Nobles** a uſurpé cet aſcendant, l'hiſtoire nous le montre réuni pour aſſervir les Rois, pour faire taire les Loix, pour écraſer le Cultivateur, pour ſoumettre le Commerce à ſes extorſions, & enſuite nous voyons ſes membres ſe déchirer par des guerres.

Q**UAND** le *Clergé* prend un pouvoir illimité, nous le voyons de même ſubjuguer les Monarques & les Peuples, diſpoſer des Couronnes, décider en Souverain, influer ſur les Loix, dépouiller les Citoyens, ſe diviſer en factions, & faire entrer les Nations dans ſes fatales querelles : la même choſe arrivera toujours, quand un Corps uſurpera ſeul le droit de parler pour tous les autres. L'eſprit de Corps anéantit l'eſprit patriotique ; le bien public eſt négligé, & tout tend à augmenter les prérogatives d'un petit nombre de Citoyens qui ne ſongent qu'à eux-mêmes, & qui ſouvent deviennent des Tyrans plus incommodes & plus cruels que le Deſpote le plus effréné. Un Deſpote eſt préférable à un Corps Deſpotique ; de toutes les Tyrannies, la Tyrannie Démocratique eſt la plus cruelle & la moins raiſonnée.

P**OUR** prévenir ces inconvéniens, il faut que le pouvoir ſoit partagé. Les différentes claſſes des Citoyens ſont également utiles à l'Etat; ainſi toutes doivent jouir du droit de parler & de ſtipuler leurs intérêts reſpeⅽtifs. Le Noble ne doit pas ſtipuler pour l'homme de loi, le Cultivateur ou le Marchand, dont les intérêts lui ſont communément étrangers ; l'homme de Loi ignore la guerre, le commerce & la politique ; l'homme d'Egliſe ſe ſoucie communément fort peu du bien public, pourvû qu'il domine l'eſprit de ſes Concitoyens. Le Commerçant ne ſtipule que les intérêts de ſon commerce ou de ſon avidité.

§. XVII. *Du Peuple.*

LE Peuple conſtitue la partie la plus nombreuſe de la Société ; c'eſt lui qui forme le Corps de la Nation ; c'eſt de lui ſur-tout que le Gouvernement doit s'occuper ; c'eſt ſur lui qu'il doit veiller. Livré à des travaux pénibles & néceſſaires, ſi l'homme du Peuple manque communément de lumieres, il procure la ſubſiſtance, l'abondance, le ſuperflu, les agrémens de la vie, la ſplendeur à ceux qui le gouvernent, à ceux qui le défendent, à ceux qui l'inſtruiſent, à ceux qui le maintiennent dans la jouiſſance de ſes droits : en échange, ceux-ci doivent s'occuper de ſa ſûreté, de ſa tranquillité, de ſon bonheur : c'eſt de ce Peuple, ſur qui la grandeur daigne à peine laiſſer tomber ſes regards, que dérivent originairement tous les biens de la Société ; c'eſt en lui que réſide ſa force ; c'eſt de ſon ſein que ſe tirent les ſoldats qui, en faveur de la ſûreté extérieure qu'ils procurent par leur valeur, reçoivent de leurs Concitoyens leur ſubſiſtance & leurs beſoins.

Dans un Etat Démocratique , le Peuple en corps ou ſes Repréſentans demeurent dépoſitaires de l'Autorité Souveraine. Sous la Monarchie tempérée, le Peuple conſerve la portion de pou-voir que la Nation s'eſt originairement réſervée par les Loix fondamentales & primitives de l'Etat. Il parle par ſes Repréſentants qui deviennent ſes tuteurs, & qui, bien mieux que lui, ſont cenſés capables de veiller à ſa ſûreté.

Sous un Deſpote, le Peuple écraſé eſt l'objet des mépris d'un Maître qui ne le regarde que comme un vil bétail, deſtiné à travailler pour lui & à devenir la victime de ſon ambition & de ſa voracité. Aux yeux d'un Sultan orgueil-leux, la partie laborieuſe de ſes Sujets n'eſt qu'un amas d'eſclaves peu dignes de ſes ſoins qui, mépriſés de leur maître, s'aviliſſent à leurs propres yeux, tombent dans l'abattement & la pareſſe ; aveuglés par l'ignorance & le préjugé, ces grands mobiles de la tyrannie, ils ſe croient nés pour les fers, & n'oppoſent aucune réſiſtance aux injuſtes oppreſſeurs qui de jour en jour abu-ſent de leur foibleſſe pour appeſantir leurs chaînes.

Il n'y a qu'un Gouvernement tempéré par les Loix, qui place le Peuple dans un juſte milieu. Le Peuple, ſans doute, n'eſt point fait pour commander ; il en ſeroit incapable ; une liberté trop étendue ne tarderoit point chez lui à dégé-nérer en licence. Qu'il ſoit donc contenu & garanti de ſa propre folie ou de ſon expérience : que ſa voix trop tumultueuſe, quand il parle lui-même, ſoit adoucie par des organes prudents qui parleront pour lui ; des Repréſentans, des Ma-giſtrats honnêtes veilleront plus ſûrement à ſes intérêts que souvent il ignore ou s'exagere, ou ne fait point ftipuler ; le joug lui paroîtra plus doux par la confiance qu'il a pour ceux qui le repréfentent : au moins fe flattera-t-il que leurs intérêts feront les mêmes que les fiens. L'affu-rance où il fera pour fa perfonne & fes biens, lui donnera de l'activité, élevera fon cœur, lui donnera du courage, lui infpirera un attachement raifonné pour fes Loix, pour fa Patrie, pour fon Gouvernement; fes forces fe déploieront, toutes les fois que des objets fi chers fe trouveront me-nacés.

§. XVIII. *Il ne faut point l'accabler.*

C'est une maxime inventée par la tyrannie & adoptée par l'incapacité, que le Peuple, pour être plus traitable, doit être tenu dans la mifere. Un Gouvernement qui a pour maxime de rendre le Peuple malheureux & pauvre, afin de le ren-dre plus foumis, reffemble à un écuyer qui cou-peroit les jarets de fon cheval pour pouvoir le monter avec plus de facilité. Un Peuple doit être occupé, fans doute, mais il ne doit point être accablé ; fi l'oifiveté le pervertit & le rend infolent, licentieux, la mifere & l'excès du tra-vail le rebutent, l'énervent, l'affoibliffent. Il n'y a que des tyrans qui confentent à régner par l'in-fortune ; les Maîtres ignorants & corrompus ne connoiffent d'autres mobiles, que la terreur & l'in-digence, pour contenir leurs Sujets. Quels fecours l'Etat peut-il fe promettre de cadavres vivants, exténués par la fatigue & la faim ? Comment in-fpirer de l'ardeur pour défendre leur pays & leurs Loix, à des hommes pour qui la vie eft un far-

deau & qui n'ont rien à défendre ? Comment faire prendre des fentimens généreux à des hommes
que d'injuftes préférences & des préjugés honteux
dégradent à tout moment ? C'eft toujours l'oppreffion , l'injuftice , la tyrannie qui rendent le
Peuple féditieux : il ne haît fes maîtres que lorfqu'ils font haïffables. Les hommes les plus groffiers defirent & fentent le bonheur. Un laboureur,
un artifan font-ils donc incapables de diftinguer
le bien du mal qu'on leur procure? Faut-il bien
des lumieres pour fentir la différence d'un pouvoir qui opprime, de celui qui protege; le crédit
qui accable , de l'appui que donnent les Loix,
l'abondance de la mifere ? Il eft vrai que le Peuple ne peut gueres juger des objets de la Politique
extérieure ; mais l'homme le moins éclairé fent
bien s'il eft heureux ou non, & fi ceux qui le
gouvernent , méritent fon affeƈtion ou fa haîne.
Il diftingue aifément fi les calamités qu'il éprouve
font des effets de la Nature ou d'une adminiftration injufte.& négligente : quelque foible que l'on
fuppofe fa raifon, il lui en refte affez pour favoir
qu'il doit fon amour à ceux qui travaillent à fon
bien-être , fon indifférence à ceux qui le négligent , fon inimitié à ceux qui l'oppriment. En
général, la voix du Peuple fe trompe rarement
fur le mérite. Ses décifions en ce genre font
bien plus fûres, que celles d'un Defpote imbé-
cille, dupé par les intrigues de fa Cour. Laiffez
à l'armée le choix de fes Généraux ; laiffez au
Peuple le choix de fes Magiftrats & Repréfentants ; écartez la corruption ; & il fera pour l'ordinaire des choix très-équitables.

§. XIX. *Eſt ſouvent trop négligé*

PAR un vice commun à tous les Gouvernemens, la partie la plus nombreuſe des Nations eſt pour l'ordinaire la plus négligée ; il ſembleroit que ce n'eſt que pour les Princes, pour les Riches, pour les Grands, que les Sociétés ſe ſont formées ; on diroit que le Peuple n'entre dans l'aſſociation, que pour épargner à ceux qui ſont déjà les plus heureux, la peine de travailler eux-mêmes. Ainſi le petit nombre entraîne preſque par-tout la balance, & une Nation paſſe pour bien gouvernée, dès que la partie la plus avantagée eſt contente de ſon ſort.

UNE adminiſtration équitable doit s'occuper par préférence du bien-être du grand nombre. Si les Rois ſont les peres de leurs Sujets, ils doivent des ſoins plus marqués à ceux que leur défaut de lumieres & d'expérience rapproche le plus de l'état de l'enfance ; lorſque le Peuple eſt ſagement guidé, il fait la puiſſance, la richeſſe & la force d'un Etat Si ſes travaux l'empêchent de cultiver ſon eſprit & de développer ſa raiſon, il en a plus de droits à l'attention de ſes Maîtres. Plus des enfants ſont foibles, plus ils exigent de vigilance de la part de ceux qui les conduiſent. De quel droit le Peuple ſeroit-il l'objet du mépris des Princes, des Riches & des Grands ? Ne ſeroient-ils point Peuple eux-mêmes, ſi le Peuple ne travailloit pour eux ? Mépriſer le Peuple, c'eſt mépriſer la ſource des avantages dont les Princes & les Grands jouiſſent eux-mêmes & dont ils ne jouiroient pas ſans le Peuple.

§. XX. *De l'inſtruction du Peuple.*

L E deſir de plaire au Peuple, de lui être utile, de ſatisfaire ſes beſoins, de l'inſtruire, de le rendre bon eſt la marque certaine d'une ſage adminiſtration. Un Gouvernement bienfaiſant doit ſurtout s'occuper des mœurs. Une Nation ſans mœurs annonce une adminiſtration négligente & perverſe. L'oiſiveté, la débauche, les crimes multipliés, la mendicité ſont dans une Nation des ſignes indubitables qu'elle eſt mal gouvernée. Rien ne corrompt plus efficacement toutes les claſſes du Peuple, que l'exemple des Princes, des Riches & des Grands que chacun ſe propoſe pour modele, & dont il a beſoin pour ſubſiſter.

R I E N de plus étonnant que le peu de ſoin que les conducteurs des Peuples ſe donnent pour leur inſtruction ; elle eſt par-tout abandonnée aux miniſtres de la Religion, bien plus occupés d'éblouir les eſprits par des fables, des merveilles, des myſteres, des pratiques, que de former les cœurs par les préceptes d'une morale humaine & naturelle. Le Peuple eſt par-tout dévot & religieux ſans avoir des idées vraies de la vertu : par-tout il a de la religion qu'il trouve le moyen d'allier avec la débauche, la crapule, la fraude. Partout on lui laiſſe ignorer les devoirs de la Société. Par-tout on craint qu'il ne s'éclaire & on l'empêche de cultiver ſa raiſon. Plus le Deſpotiſme s'appeſantit ſur les hommes, moins il veut qu'on les éclaire. Malheur à ceux qui ne gouvernent que des eſclaves privés de lumieres & de raiſon, dont les mœurs ſeront toujours féroces & criminelles !

L'instruction des Peuples devroit être l'objet le plus effentiel de tout Gouvernement. Les Princes ne fentiront-ils jamais l'avantage ineftimable de commander à des êtres raifonnables ? Il n'y a que la Tyrannie qui mette fa gloire à régner fur des aveugles & des barbares. Vouloir que les hommes demeurent dans les ténebres, c'eft vouloir qu'ils foient méchants. Tyrans ! il vous faut des Sujets ignorants, crédules & corrompus : il vous faut des efclaves fuperftitieux qui croient que c'eft du ciel que viennent les maux produits par vos délires, votre négligence, vos oppreffions, vos cruautés. Mais vous vous flattez en vain de trouver votre fûreté dans leur aveuglement. Des fauvages font toujours féroces ; des ftupides font toujours crédules, inconfidérés. Craignez donc qu'on ne les irrite contre leurs chaînes. Craignez qu'ils ne deviennent un jour les inftruments de l'ambition & du fanatifme qui tourneront vos efclaves contre vous-mêmes.

Pour aimer fon Gouvernement, il faut en connoître les avantages ; il faut donc éclairer le Peuple, fi l'on veut qu'il foit raifonnable & qu'il fente les inconvéniens qui réfulteroient pour lui de la féduction des hypocrites, des confeils des ambitieux, des déclamations fanatiques. Les lumieres rendront toujours un Peuple modéré ; s'il eft plongé dans l'ignorance, il deviendra le jouet des paffions de tous les mauvais Citoyens. C'eft par l'inftruction générale que l'on peut rendre le Peuple raifonnable, lui faire fentir fes intéréts, le convaincre de l'attachement qu'il doit à fon Gouvernement, à fes inftitutions, à fes devoirs, les avantages de la tranquillité, les dangers qui les menaceroient, s'il fe prêtoit aux impulfions des traîtres & des flatteurs qui tenteroient de l'égarer. L'inftruction eft le moyen d'épargner à l'Etat les factions, les convulfions & les inquiétudes que l'ambition aidée de l'impofture y voudroit exciter. L'intérêt des Tyrans eft que le Peuple n'ait ni lumieres, ni raifon, ni volonté ; fous un Gouvernement inique, il faut le réduire à l'abrutiffement des bêtes ; la lumiere ne ferviroit qu'à lui faire fentir fa condition malheureufe & à lui montrer l'étendue de fa mifere ; empêcher qu'une Nation ne s'éclaire, eft le figne indubitable d'une adminiftration dépravée , qui n'a nulle envie de mieux faire.

§. XXI. *De la milice.*

LES Soldats forment une claffe de Citoyens deftinés à défendre les autres contre les entreprifes du dehors. En échange la Société leur fournit la fubfiftance, des diftinctions , des récompenfes proportionnées aux fervices qu'ils lui rendent. Si les Nations fe bornoient aux avantages que la Nature leur accorde ; fi elles fe laiffoient jouir réciproquement des biens qui leur font échus en partage , rien ne feroit plus inutile que d'entretenir , aux dépens de leur population , des armées nombreufes de Citoyens que les guerres détruifent , ou dont les bras demeurent oififs pendant une grande partie de leur vie. D'un autre côté, fi les circonftances malheureufes d'une Nation l'obligent à tenir fur pied un grand nombre de foldats, fes défenfeurs ne tardent point à l'afservir elle-même. Sous un Defpote, les défenseurs de la Patrie sont ses plus dangereux ennemis.

Il faut dans toute Nation des hommes qui la défendent ; la Patrie dans cette vue doit alimenter l'ardeur de ceux de ses enfants qui consentent à s'immoler pour elle ; mais nul Gouvernement n'est en droit de les y forcer. Pour étouffer le désir de se conserver que la Nature inspire à tout homme, il faut un courage dont tous les Citoyens ne sont pas susceptibles : la Société , n'étant faite que pour maintenir ses membres dans les avantages de leur Nature, deviendroit injuste & cruelle envers ceux qu'elle prétendroit sacrifier contre leur gré. Que l'on ne nous dise point que sans contrainte , Personne n'exposeroit ses jours pour défendre son pays. Un Gouvernement qui procure à ses Sujets des avantages réels , ne manquera jamais de défenseurs.

Un Etat bien constitué doit être défendu par des Citoyens , par des hommes intéressés à la félicité publique , dépendans de la Patrie , qui jurent fidélité à elle seule , & non par des mercenaires qui n'ont que l'intérêt de plaire à un maître injuste , qui souvent s'en servira pour anéantir le bonheur public & pour subjuguer la Patrie. Il faut aux Nations des milices nationales , & non des milices royales ou des janissaires , toujours prêts à servir les passions d'un Sultan ou les folies d'un Visir. Quels défenseurs pour une Patrie , que des hommes voués par état aux volontés arbitraires de ceux qui sont souvent les ennemis les plus avérés de cette Patrie !

Tout Citoyen doit être prêt à servir une Patrie heureufe & libre ; il combattra bien mieux qu'un efclave mercenaire qui fe bat pour fon maître & jamais pour lui-même ou pour fon pays. L'amour de la Patrie, & non le vil honneur de périr pour un Tyran, peut former des hommes courageux & magnanimes. La Patrie doit animer leur courage, à la vue de leurs propres intérêts. Rendez la Patrie chere aux hommes, & elle fera bien défendue ; vous n'aurez pas befoin de violence, pour exciter à défendre un bien que tous defireront de conferver.

AINSI la Société, en raifon de fes befoins, peut & doit exciter par toutes fortes d'avantages l'enthoufiafme de ceux qui de plein gré confentent à la défendre ; fi elle doit des récompenfes proportionnées aux fervices qu'on lui rend, elle en doit fur-tout à ceux qui expofent leurs jours pour elle ; tout prouve la néceffité d'encourager des hommes affez généreux pour oublier leur propre confervation, dès qu'il s'agit de celle de la Patrie. Voilà pourquoi le courage, la force, les talents militaires font dans toutes les Sociétés les qualités les mieux recompenfées : la gloire, la confidération, l'honneur font les mobiles du Guerrier ; il ceffera d'être enthoufiafte fi l'on ceffe de l'eftimer. Mais l'éclat des vertus guerrieres fe ternit aux yeux de la raifon, dès qu'elles deviennent nuifibles à la Patrie ; elle ne reconnoît pour fes enfans, que ceux qui la fervent ; celui qui fert contre elle un Souverain injufte, n'eft que le fatellite & le complice d'un tyran.

IL n'y a donc que le préjugé qui puiffe faire confidérer des guerriers qui, oubliant ce qu'ils doivent à la Société, entrent dans les complots de ceux qui l'oppriment. Appellera-t'on *héros*, des traîtres qui prêtent lâchement leurs bras aux projets de la Tyrannie ? Sont-ce des Citoyens, que des brigands devenus par état les inftruments du caprice d'un feul homme contre les volontés & les droits de tous ? Doit-on confidérer des ingrats qui méconnoiffent les bienfaits dont la Patrie eft la fource, & dont le Souverain n'eft que le diftributeur en fon nom? Le Soldat qui combat pour fon pays, qui défend fa liberté, fes poffeffions & fes Loix, eft un Citoyen digne de fon amour, de fon eftime & de fes récompenfes; celui qui la livre à des maîtres injuftes, eft un perfide qui ne mérite que fon mépris, fa haine & fes châtimens : c'eft un enfant qui dans fa folie frappe la mere qui le nourrit, pour complaire à l'ennemi de fa famille.

LES hommes deftinés par état à défendre la Patrie, peuvent-ils donc acquérir le droit de l'enchaîner, de méprifer leurs Concitoyens, d'enfreindre les Loix qui commandent à tous ? Dans une Nation que fes circonftances expofent à des guerres fréquentes, la Politique doit, fans doute, entretenir l'efprit militaire, & favorifer cette grandeur d'ame qui brave les dangers & la mort; en un mot, elle doit exciter l'enthoufiafme de l'honneur. Ainfi, que le Souverain diftingue, récompenfe & honore, aux yeux des Peuples, les hommes dont la valeur eft faite pour les foutenir ; mais qu'il n'oublie jamais qu'une tendreffe trop partiale pour eux, eft capable de décourager & de rendre malheureux les autres ordres de l'Etat ; que par une condefcendance aveugle

aveugle il ne laisse point leurs excès impunis ;
les Loix sont faites pour commander également à
tous les Citoyens ; que les délits contre la Société
soient punis par les tribunaux ordinaires ; que
les guerriers ne portent point dans les villes, la
jurisprudence des armées. C'est le Cultivateur,
l'Artisan, le Magistrat que le Soldat doit protéger, jamais il n'a droit de leur faire sentir, ni
la force, ni ses injustes mépris.

Par l'imprudence ou l'intérêt personnel des
Souverains, l'équilibre entre les Citoyens est
détruit dans la plupart des états ; les Nations
civilisées sont encore gouvernées comme des
hordes & des camps. Les honneurs, les richesses, les faveurs ne sont que pour les guerriers. Les Princes mêmes dont le pouvoir est
le mieux affermi, semblent toujours se croire, au
tems de la conquête & régner sur une armée.
Dans la plupart des Sociétés Politiques, le tout
est communément sacrifié à la partie militaire :
des préjugés vraiment sauvages gouvernent encore bien des Nations policées !

§. XXII. *Origine de la Noblesse.*

La plupart des Gouvernements, comme
on a vu, se sont établis par la force. Des conquérants ambitieux, non contents de distribuer
les terres des Peuples vaincus aux coopérateurs
de leurs exploits, ont encore voulu qu'en récompense de leurs travaux, ils conservassent toujours des privileges & de la supériorité sur le
reste des Sujets. Dans les royaumes conquis,
les guerriers seuls furent réputés des hommes,

les autres Citoyens furent traités comme des bêtes. Telle eft l'origine de la *Noblesse*. Souvent les Princes ne bornerent pas leurs bienfaits à la perfonne de ceux qui les avoient aidés dans leurs victoires ; ils confentirent encore que les biens, les prérogatives, les dignités & les titres par lefquels ils les avoient diftingués paffaffent à leur poftérité ; ils voulurent par là s'attacher plus fortement les familles de ceux dont ils avoient déjà éprouvé les fervices. C'eft ainfi que la nobleffe devint héréditaire. Les Monarques s'affûrerent par là les fecours de plufieurs races qui, animées d'un même efprit & elevées comme leurs ancêtres dans les principes d'un attachement inviolable pour l'Autorité Souveraine, concouruffent toujours à fes vues & fuffent les appuis de fa puiffance. La Nobleffe fut donc dans prefque toutes les Monarchies, le véritable foutien du trône ; fon intérêt l'identifia communément avec celui des Souverains ; fon fort fut inféparablement uni au leur. L'égalité à laquelle tendent les Démocraties ne s'accorde point avec l'orgueil d'un ordre qui rougiroit d'être confondu avec la foule des Citoyens. Si l'Ariftocratie eft plus favorable à quelques Nobles, le Gouvernement d'un feul ne laiffe pas d'être le véritable élément de la Nobleffe ; toujours elle fut le confeil & le foutien des Rois ; elle travailla pour leur grandeur, dont elle tiroit fon éclat, fes privileges, fes richeffes ; elle ne chercha donc qu'à étendre un pouvoir duquel le fien dépendoit ; elle traita avec hauteur le refte de la Société ; elle prétendit prefque toujours la repréfenter exclufivement. En effet, il fut affez naturel que des Chefs des Soldats qui avoient contribué à la conquête d'un Pays, qui avoient aidé de leurs conseils & de leurs bras le Chef dans ses expéditions, en un mot, dont le courage & la prudence avoient fondé les Empires, s'arrogeassent le droit de représenter l'armée qui dans le moment de la conquête dut toujours se regarder comme la Nation, tandis que le Peuple fut traité en ennemi. Il resteroit simplement à examiner si ces titres primitifs, fondés sur la conquête, la rapine & la force, sont faits pour subsister toujours, &, si depuis que le consentement de la Nation eut légitimé le Gouvernement établi par la violence, la Nation fut privée pour toujours de parler elle-même & de se faire représenter par ceux en qui elle plaçoit sa confiance.

Quoi qu'il en soit, en Europe les Chefs ou Représentans des armées furent consultés par des Rois toujours armés. Une Nation belliqueuse ne connoît que la guerre : ainsi les guerriers continuerent à décider avec leur Chef du sort des Nations ; ils eurent seuls part à la législation, & acquirent peu-à-peu une indépendance funeste & le droit de tyranniser les Peuples qu'eux-mêmes ou leurs ancêtres avoient aidé à subjuguer. En conséquence, les Nobles formerent dans presque tous les Gouvernements Européens, une Aristocratie plus ou moins subordonnée à la Monarchie. En effet, les Rois, éclipsés par leurs vassaux puissants, ne devinrent souvent que des phantômes sans pouvoir, & les Peuples gémirent sous des tyrans multipliés dont aucune autorité ne put réprimer les excès. Dans plusieurs pays, les plus puissants d'entre les vasfaux s'érigerent eux-mêmes en Souverains qui, foumis pendant la guerre au Monarque, refuferent durant la paix de reconnoître fon autorité ; ils eurent fous eux d'autres vaſſaux ou des guerriers fubordonnés qui furent obligés de les fuivre foit dans les guerres entreprifes par les Rois, foit dans celles qu'ils fe firent fans ceſſe les uns aux autres, ou même à leurs communs Souverains. Ainfi les Etats furent déchirés par des Citoyens féroces & turbulents qui ne purent être contenus par aucunes Loix.

§. XXIII. *Ariſtocratie des Nobles fous le Gouvernement féodal.*

TEL fut, comme on a vu, le Gouvernement *féodal* dont nous trouvons encore aujourd'hui des traces plus ou moins marquées dans prefque toutes les Nations du monde. Telle eſt l'origine des *fiefs*. On a déjà fait voir, en parlant des Gouvernements, l'abſurdité de cette Ariſtocratie militaire. Si toute Ariſtocratie eſt dangereuſe pour les Peuples, que penſer d'une foule de Deſpotes ignorants & inhumains qui, au mépris des Souverains & des Loix, exerçoient fur les Peuples la tyrannie la moins raifonnée, & dont la prétendue liberté ne confiſtoit qu'à fe livrer fans obſtacles aux déſordres de l'anarchie ? C'eſt pourtant à ce Gouvernement, ou plutôt à ce déſordre que les Nobles & les Grands tendent fans ceſſe ! efpérons néanmoins que les Peuples, inftruits par les malheurs de leurs peres, ne confentiront jamais à fe remettre dans des fers plus accablants, peut-être, que ceux du Deſpote le plus abſolu. Que ce Gouvernement

amené de Scythie & répandu en Europe par
les barbares du Nord, demeure à jamais banni
des Nations éclairées. Malgré les inconvénients de ce Gouvernement féodal sentis depuis
tant de siecles, il se soutient encore dans des
pays même où l'administration & les vues du
Gouvernement ont totalement changé d'objets.
Il en est même quelques-uns où, sous le nom
de liberté, il se maintient dans toute sa rigueur.
Presque par-tout les nobles, lors même que les
changements de principes des Nations rendirent
la guerre un objet moins nécessaire, se sont *cru*
les Représentans exclusifs des Nations où ils vi-
voient.

§. XXIV. *Chute de leur pouvoir.*

SOIT par l'adresse des Monarques, soit par
les dissensions des Nobles, soit par les efforts
des Peuples que leurs vexations réduisirent quelquefois au désespoir, le Gouvernement Féodal
s'est peu-à-peu affoibli dans la plupart des
Etats ; les Souverains sont enfin parvenus à rom-
pre une digue aussi incommode à leur Autorité
qu'à la liberté de leurs Sujets. Les Peuples re-
couvrerent une portion de liberté ; ils obtinrent
même quelquefois une part dans la législation à
laquelle ils étoient intéressés. La Politique des
Rois fut souvent obligée d'opposer les Peuples
à leurs vassaux trop insolents : ils sentirent que
leur propre intérêt vouloit que le Citoyen fût
plus libre. D'autrefois les Peuples ne firent que
changer de tyrans, & ne sortirent de l'oppression des Nobles, que pour tomber dans les fers
d'un Monarque absolu & de sa cour. De quel-

que maniere que l'Autorité fût diftribuée, la Nobleffe ne laiffa pas de former toujours une claffe très-diftinguée ; elle fit un corps à part, & ne fut point confondue avec les Plébéiens que fes ancêtres avoient anciennement foumis, & qu'une longue fuite de fiecles l'avoit accoutumée à dédaigner. Dépouillée d'une Autorité réelle, elle s'en dédommagea par l'éclat qu'elle emprunta du trône. Emule autrefois des Monarques, elle fut réduite à les fervir, à ramper devant eux pour mériter leurs faveurs : alors elle leur prêta fon bras pour tenir dans la dépendance le refte de la Nation ; affervie & dégradée elle-même, elle fe ligua très fouvent contre la liberté publique, & conferva fa fierté dans le fein même de l'efclavage ; elle ne plaça fa gloire, fon honneur, ou plutôt fa vanité, que dans l'avantage de plaire à fes maîtres altiers, afin d'en obtenir de vains titres, des diftinctions frivoles, & furtout le droit coupable de faire le mal impunément.

§. XXV. *Diftinction des Nobles & des Roturiers.*

Ce fut dans le corps de la Nobleffe, que les Princes choifirent communément leurs Courtifans, leurs Favoris & leurs Miniftres. Les Nobles que la faveur du Prince ne diftingua point d'une façon fi marquée, vécurent fouvent inutiles dans les poffeffions accordées jadis à leurs ancêtres, où ils exercerent fur leurs vaffaux, dont ils fe rendirent les juges, une forte de jurifdiction quelquefois très-barbare. Ils crurent que leur naiffance les mettoit en droit de les vexer : il s'établit par là une foule de droits ridicules, une jurifprudence bizarre dont la raifon peut à

peine démêler les motifs & l'origine. Les Peuples furent toujours opprimés fans que les Rois
fongeaffent à y remédier, & les Seigneurs de
terre continuerent à fonder leurs injuftices fur
ce qu'un grand nombre de fiecles auparavant les
peres de leurs vaffaux avoient été foumis & dépouillés par les guerriers leurs ancêtres.

Les Nobles, ou indépendants des Monarques,
ou diftingués par leurs faveurs, mais toujours
accoutumés à regarder avec dédain des Peuples
que la force, la crainte & une vénération tra-
ditionnelle leur foumettoient, dûrent naturellement fe perfuader qu'ils étoient des hommes
privilégiés d'une efpece différente, & d'une
nature plus parfaite que leurs Concitoyens qu'ils
voyoient indigents, foibles & foumis; ils crurent qu'un fang plus pur circuloit dans leurs
propres veines, qu'une ame plus fublime animoit
leurs organes. Ces préjugés ridicules, auxquels
les Princes furent intéreffés à fe prêter, fe com-
muniquerent à ceux-mêmes qu'ils dégradoient.
Le *Roturier* fe crut méprifable, parce que le Noble le méprifoit.

Ces idées établirent entre les Sujets une nouvelle inégalité d'opinion, mais réelle dans fes
effets, qui ne put manquer de paroître onéreufe
au refte des Citoyens, ceux-ci fe virent obligés
de refpecter des hommes qui, enivrés de l'orgueil de leur naiffance, n'eurent que du mépris
pour eux & fe perfuaderent, que, fans travail
de leur part, la Société n'étoit faite que pour
entretenir leur fafte & leur oifiveté. Prefque
par-tout la profeffion des armes fut la feule qui
convînt à la Nobleffe; elle dédaigna toutes les

autres; elle crut qu'il n'y avoit qu'un seul moyen honorable de servir la Patrie; sa vanité, favorisée par l'intérêt du Prince, lui fit regarder comme basses & déshonorantes, les professions les plus utiles, même lorsque l'indigence les lui rendoit nécessaires. Ainsi une sotte vanité condamna la Noblesse à l'ignorance, à l'oisiveté; se battre fut sa seule science, le courage sa seule vertu; servir un maître fut pour elle le seul chemin de l'honneur.

Les prérogatives & les faveurs dont les Nobles furent comblés dûrent nécessairement faire de la noblesse, un objet d'émulation & de jalousie pour le reste des Sujets; le Plébéien fut malheureux par la différence énorme qu'il vit s'établir entre lui & des hommes qui, quelque mérite qu'il montrât, lui furent toujours préférés. Les Princes distributeurs des récompenses firent tourner cette émulation quelquefois au profit de l'État, mais plus souvent au leur : ils récompenserent le mérite, les talents, les services, enfin les richesses mêmes de quelques-uns de leurs Sujets, en les associant à un corps qui excitoit leur envie; ils leur accorderent les mêmes privileges que le hazard de la naissance procuroit à ceux qui étoient descendus des anciens fondateurs de la Monarchie. Ces Citoyens ennoblis jouirent donc de quelques prérogatives en commun avec les autres. Mais quels que fussent les services que l'on voulut récompenser en eux, l'orgueil des Nobles d'extraction & les préjugés des Peuples continuerent à mettre entre eux une différence très-marquée. Le mérite souvent fictif des ancêtres l'emporta dans l'esprit des Na-

tions sur le mérite personnel ; la naissance donna
des droits bien plus incontestables que les talents
ou l'utilité présente. Plus le Noble s'éloigna de
la source de son illustration, plus cette source
fut inconnue, & plus il fut considéré.

Ce n'est que sous un Gouvernement équitable
que les rangs des Sujets sont réellement fixés.
Les Nobles, distingués par leurs possessions,
par leur naissance, par les services de leurs ancêtres, & encore plus par leurs qualités & leur
mérite personnel sont des objets respectables pour
leurs Concitoyens ; ils sont à portée de les servir,
sans jamais acquérir le droit de les opprimer.
Sous le Gouvernement Féodal, les Nobles sont
des Tyrans que nul pouvoir n'empêche d'abuser
contre les Peuples, d'un pouvoir dont le Monarque est dépouillé. Sous l'Aristocratie, le Noble
est Magistrat ou Souverain, il sépare très souvent l'intérêt de son Corps de l'intérêt du Peuple, auquel il fait sentir sa propre supériorité
d'une façon très-cruelle. Le Gouvernement des
Nobles n'est, d'après l'expérience, rien moins que
favorable au reste des Citoyens, & leur déplaît
souvent autant & plus que la Monarchie absolue.

Sous un Gouvernement arbitraire, il n'est
de grandeur que celle du Despote ; son soufle
fait disparoître les hommes les plus élevés ; sa
volonté les replonge dans la foule des Sujets ;
les Grands n'y sont que des malheureux, qui
n'ont d'appui que le caprice de leur maître. En
effet, sont-ce des Nobles que des hommes que
l'intérêt le plus vil met dans une dépendance
continuelle ? Sont-ce des Grands, que ces va-
lets rampants qui disputent entre eux à qui ren-

dra les services les plus bas à un maître hautain,
& pour lesquels rien n'est abject, dès qu'il mene
à la faveur ? Quelles ames peuvent animer ces
Courtisans qui consentent sans cesse à dévorer
des affronts, des refus, des injustices ? Quelle
élévation dans les cœurs de tant d'indignes men-
diants, de ces vils adulateurs qui, à force de
bassesses, croient acquérir le droit de mépriser
leurs Concitoyens ? Dans ces hommes dégradés,
la raison ne peut voir que des esclaves qui se
vengent par leur insolence de l'opprobre dans
lequel ils font eux - mêmes plongés. Sous un
Despote, toutes les idées se renversent ; les
Grands tirent leur gloire du sein même de l'infamie ; leur éclat éphémere n'en impose qu'à des
hommes plus vils qu'eux.

Dans les Gouvernements Asiatiques, où
la volonté d'un Sultan regle le sort de tous, il
n'est de rang que celui que donnent les emplois ;
les titres ne passent point à la postérité, & le
fils d'un Visir rentre dans la troupe des esclaves.
Chez le Musulman superstitieux, les descendants
de son Prophete sont les seuls à qui la naissance
donne quelque prérogative. Chez le Chinois la
seule race de *Confucius* est regardée comme noble ; la vénération pour ce Législateur Philoso-
phe réjaillit encore sur sa postérité : dans cet
Empire l'étude conduit seule aux dignités ;
l'Empereur ennoblit les ancêtres de tout homme
qui se distingue par un mérite éclatant. Les
Européens bien moins sages que ces Asiatiques,
en faveur du nom des peres, dispensent les enfans d'être utiles, & les récompensent dès le
berceau, de services qu'ils ne rendront jamais.

§. XXVI. *Des vrais titres de la Noblesse.*

Sɪ l'utilité est le seul titre qui, aux yeux de la raison, marque le rang des Citoyens ; si le véritable honneur consiste dans l'estime de ses Concitoyens, méritée par des services & des vertus ; si un Gouvernement éclairé ne doit des récompenses qu'à ses meilleurs serviteurs ; si la considération, le respect & la reconnoissance ne sont dûs qu'à ceux qui s'en rendent dignes par eux-mêmes & par des bienfaits réels, quels sont les hommes que la Société regardera comme des êtres préférables au reste de ses membres ? Quelle idée se formera-t-elle de tant de Nobles & de Grands qui n'apportent d'autres titres que les conquêtes, les violences, les révoltes de leurs aïeux inquiets & sauvages ? Quelle considération personnelle peuvent mériter des êtres que la faveur aveugle se plaît à distinguer des autres ? Une Nation respectera-t-elle des feudataires inutiles qui pendant une longue suite de siecles ont croupi de race en race dans les domaines de leurs ancêtres ; dont les exploits se sont bornés à vexer impunément de timides vassaux qui nourrissoient leur oisiveté ? Verra-t-elle avec une reconnoissance bien fondée les descendants de quelques guerriers incommodes qui par leurs discordes meurtrieres ont tant de fois causé les malheurs de l'Etat ? Pourra-t-elle regarder comme ses vrais défenseurs des troupes mercenaires qui se rendent les instruments des violences de leurs maîtres & qui, au lieu de servir la Patrie, ne servent que l'Usurpateur qui l'opprime ? Enfin quel rang la raison assignera-t-elle à tant de Courtisans avilis qui ne connoissent d'autre Patrie, que la cour d'un maître, d'autre Loi, que son caprice, d'autres liens, que l'intérêt? Non, aux yeux du sage, un Citoyen n'est grand, que lorsqu'il sert fidélement & courageusement son pays ; il ne mérite d'être distingué des autres, que lorsqu'il travaille plus utilement au bonheur de ses associés : il n'est noble que lorsqu'il a du mérite, des talents, des vertus.

§. XXVII. *Effets du préjugé de la naissance.*

L'on ne peut disconvenir que le préjugé de la naissance n'ait été dans la plupart des Gouvernements Européens la source des abus les plus pernicieux. Un Corps d'hommes qui, sans titre que celui de la naissance, peuvent prétendre aux richesses & aux honneurs, doit nécessairement décourager les autres classes des Citoyens. Ceux qui n'ont que des aïeux n'ont aucun droit aux récompenses ; les talents ne se transmettent pas avec le nom ; il naît souvent dans la condition la plus obscure des hommes.

Qui sont tout par eux-mêmes, & rien par leurs aïeux.

V o l t.

Le Peuple, si dédaigné par des Princes superbes, & par leurs esclaves, fournit souvent des ames plus grandes, plus généreuses, plus nobles, que cette foule dorée qui entoure les Rois. Quand des hommes n'auront besoin que d'un nom pour parvenir à tout, ils négligeront bientôt de s'instruire, ils mépriseront la science & les emplois ne seront remplis que par des favoris incapables & ignorants.

S O U V E R A I N S éclairés, ne demandez point à vos Sujets ce que furent leurs aïeux ; voyez ce qu'ils font par eux-mêmes ; encouragez, honorez, récompenfez les talents perfonnels, & n'ayez point d'égard aux plaintes intéreffées de ceux que le mérite offenfe, lorfqu'on le tire de l'obfcurité. Que l'homme utile à la Patrie foit noble par lui-même, quels qu'aient été fes peres. Et vous Nobles de race ! montrez par vos fentimens élevés, vos bienfaits, vos vertus, que vous êtes vraiment nobles, & dignes du rang que vous voulez occuper.

C'EST l'éducation, & non le fang qui forme des Citoyens capables de fervir l'Etat. Que l'on prenne foin d'inftruire les Sujets, de leur infpirer l'amour du bien public, de femer la vertu dans les cœurs, & bientôt une Nation fe remplira d'hommes qui penferont noblement, qui agiront en héros, qui fe diftingueront par les fervices réels qu'ils rendront à leur pays. Que les dignités foient données au concours, & que perfonne ne foit privé du droit de concourir au bien général. La politique perd un de fes plus grands refforts, lorfqu'elle récompenfe le hazard & donne des privileges irrévocables à des hommes qui n'ont rien fait ou qui ne feront rien d'utile à la Patrie. En un mot, la nobleffe héréditaire ne peut être regardée que comme un abus pernicieux, qui n'eft propre qu'à favorifer l'indolence, la pareffe & l'incapacité d'un ordre de Citoyens, au préjudice de tous. Peu de gens fe mettront en peine d'acquérir du mérite & des talents, dès qu'ils feront affûrés que leur nom fuffira pour les conduire aux honneurs, aux richeffes, à la confidération publique.

C'est un abus, c'eſt un délire, que de récompenſer des Citoyens qui n'ont rien fait pour
l'Etat ; mais, nous dira-t-on peut-être, les
ancêtres de la nobleſſe actuelle ont utilement
ſervi leur Patrie ; mais ſervir un Souverain, n'eſt
pas toujours ſervir la Patrie. Servir le Conquérant qui ſubjugue un Pays, ou prêter ſon bras
au Tyran qui l'opprime, ne peut point paſſer
pour des ſervices rendus à la Patrie. En ſup-
poſant néanmoins que les aïeux d'un Noble actuel
aient rendu des ſervices réels à la Société, la
récompenſe n'eſt-elle point démeſurée, quand
elle s'étend indéfiniment à ſa poſtérité ? Si les
enfants ne peuvent ſans injuſtice être punis des
fautes de leurs peres, eſt-il plus juſte de les récompenſer de leurs vertus ? La récompenſe dégenere
en un véritable abus, lorſqu'elle s'étend à ceux
qui n'ont rien mérité.

Il eſt des Nobles, même dans les Républiques : quel que ſoit l'amour du Républicain pour
une égalite chimérique, il ne peut s'empêcher
d'aſſigner un rang diſtingué à ſes Magiſtrats, à
ſes Légiſlateurs, aux Hommes Illuſtres qui lui
ont rendu des ſervices. Leur vénération s'étend
même à leur poſtérité ; elle retrace aux yeux
d'un Peuple reconnoiſſant les obligations qui l'attachent à des hommes vertueux dont le ſouvenir
lui eſt cher.

Toute Nobleſſe eſt donc originairement
fondée ſur les ſervices, ſur les bienfaits, ſur la
vertu ; c'eſt une diſtinction accordée par le Souverain & ratifiée par la Société à quelques Citoyens, en échange des avantages qu'ils leur
procurent. Le vice, l'inutilité, l'oiſiveté anéan-

tiffent cette diftinction & font contraires à fon effence. Ceux qui fervent uniquement le Souverain dans fes caprices & fes paffions, font des hommes vils que l'intérêt du maître peut lui faire regarder avec complaifance, mais à qui la Nation ne doit que du mépris. Il n'y a que ceux qui fervent leur Patrie fous un Monarque occupé de fon bonheur, qui foient vraiment illuftres & refpectables pour elle ; toute autre diftinction de fa part n'eft que le fruit du préjugé, de l'habitude ou d'une admiration ftupide.

§. XXVIII. *Des Courtifans.*

Ceux d'entre les Nobles que leurs fonctions ou la faveur du Prince approchent de fa perfonne conftituent une claffe d'hommes connus fous le nom de *Courtifans.* Le Souverain combla de fes faveurs, s'attacha plus particuliérement, honora de fa confiance des hommes qui jouiffoient de fa familiarité, les feuls qu'il fût à portée de voir & de connoître. Ce fut parmi ces Courtifans, que les Monarques choifirent leurs Confeillers, leurs Favoris, leurs Miniftres, en un mot, ceux fur qui ils fe repoferent des détails de l'adminiftration. Tous les hommes font épris du defir de dominer, d'être préférés à leurs femblables, d'acquérir de la confidération & des richeffes ; la faveur du Souverain, qui conduifoit à toutes ces chofes, devint donc l'objet de la jaloufie & des efforts des Courtifans ; chacun voulut avoir part aux bienfaits du maître, ou en devenir le diftributeur. Rien ne fut omis pour parvenir à ce but ; la flatterie la plus baffe, les fervices les plus honteux, les complaifances les plus criminelles, les voies les plus infames, tout devint honorable & légitime pour des hommes avides, ambitieux & peu délicats sur les moyens de réussir. Tout s'ennoblit, dès qu'il conduit au pouvoir. La félicité, la liberté, les possessions des Peuples furent les sacrifices peu coûteux que le Courtisan fit toujours à ses maîtres. Une cour peut se définir une ligue perpétuelle formée entre quelques mauvais Citoyens pour corrompre le Souverain & opprimer les Sujets. Ce sont eux qui, dès l'enfance, inspirent aux Monarques des idées hautaines d'eux-mêmes & avilissantes pour les Nations; ils leur persuadent que les Rois sont des Dieux, devant qui les Sociétés sont faites pour s'anéantir; ce sont eux qui leur insinuent que leurs Sujets leur doivent tout, & qu'ils ne doivent rien à leurs Sujets; ce sont eux qui leur suggerent qu'il n'est d'autre loi que leurs volontés; ce sont eux qui les entretiennent dans la mollesse, dans l'indolence, dans l'indifférence, dans l'inhumanité; ce sont eux qui rendent leurs cœurs inaccessibles aux cris des Peuples. En un mot, ce sont eux qui, sûrs de partager les dépouilles des Nations, font entendre aux Monarques enivrés que la personne, les biens & la vie des Sujets appartiennent à leurs maîtres & dépendent de leurs caprices.

§. XXIX. *Des Ministres.*

Tout pouvoir dans un Etat ne s'établit qu'au préjudice d'un autre. Pour que les Ministres, les Favoris, les Courtisans soient puissants, il faut que le Prince soit foible. C'est

toujours

toujours fous des Souverains endormis dans le vice, dans l'oubli de leurs devoirs, dans l'inaction, que leur pouvoir eſt le plus grand. Sous des Monarques négligents, diſſipés, incapables, les miniſtres ſont deſpotes, & les Peuples ſont les eſclaves & les jouets de quelques Favoris dont les intérêts divergents déchirent perpétuellement l'Etat. Sans l'œil vigilant d'un maître qui en impoſe, il ne peut y avoir ni ſyſtême, ni plan dans l'adminiſtration; le Gouvernement devient alors une machine compoſée de pieces & de reſſorts dont les mouvements ſe contrarient. Le Miniſtre qui pour ſes opérations a beſoin de la paix, ſera contredit par celui dont l'intérêt exigera la guerre; chacun n'aura pour but que de faire échouer les projets de ſon rival de faveur; très-ſouvent les ſerviteurs du même maître ſont les plus cruels ennemis les uns des autres. La cour devient l'arene de leurs furéurs ouvertes ou cachées, & tôt ou tard le Souverain & l'Etat ſont les victimes d'une Oligarchie dangereuſe.

Nous voyons en effet dans un grand nombre d'Etats le pouvoir des Miniſtres s'établir ſur la ruine de l'Autorité Souveraine. Les Princes ſont les premieres victimes de la puiſſance que leur incapacité confie à des Sujets hautains qui, après s'être ſervi de l'Autorité Suprême pour aſſervir les Peuples, exercent ſur les Nations un pouvoir qu'aucun titre n'autoriſe. Peut-on regarder comme des Souverains véritables, ces Sultans Aſiatiques que l'inertie renferme dans l'enceinte d'un Palais impénétrable, que l'ennui livre à des amuſements honteux ou frivoles, que l'incapacité prive de la faculté de remplir aucun de leurs devoirs ? Les ſeuls maîtres de ces **Na**tions ſont les Viſirs qui les gouvernent ; les Monarques ne ſont alors que des Rois titulaires, dont l'exiſtence dépend de leurs propres eſclaves.

Les ſoins de l'adminiſtration ſont ſi variés, ſi compliqués ; ſes détails ſont ſi multipliés, qu'il eſt preſque impoſſible que le génie d'un ſeul homme ſoit capable d'en embraſſer l'enſemble. Les Souverains ſont donc forcés de choiſir parmi leurs Sujets, des perſonnes qui partagent avec eux le fardeau des affaires ; ils leur confient une portion de l'Autorité qu'ils ont eux-mêmes reçue de la Société. Si les Rois ſont les repréſentants de la volonté publique, les Miniſtres ne ſont que les repréſentants de la volonté des Rois. Un Monarque vertueux ſait qu'il eſt comptable à ſes Peuples de la conduite de ceux qu'il choiſit pour exercer ſa puiſſance : il ne peut donc permettre que d'autres abuſent en ſon nom d'une autorité dont la raiſon ne ſouffre pas qu'il abuſe lui-même ; ſes Miniſtres ſont des Sujets, & le Monarque eſt Citoyen. Sous le Deſpotiſme le Monarque eſt un Dieu, & les miniſtres ſont des Rois ; ſous la Tyrannie, le monſtre qui gouverne, repréſentant lui-même d'un Démon malfaiſant, ſe fait repréſenter à ſon tour par des bêtes auſſi cruelles & ſanguinaires que lui. Le vice endurci a ſeul droit d'être appellé aux conſeils des Tyrans ; un mauvais Prince ne peut être ſervi que par des hommes qui lui reſſemblent. Un Miniſtre éclairé, bienfaiſant, équitable eſt un phénomene très-rare, ou peut-être impoſſible ; dans un mauvais Gouvernement, l'homme de bien, ou ne peut s'élever, ou à bientôt encouru la disgrace de son maitre. Un Miniſtre ambitieux & pervers redoute le mérite; il aime mieux perdre l'Etat que d'appeller aux grands emplois, un homme capable de le ſoûtenir ou de le relever. Rien ne peut égaler la crainte ou la haine que le mérite & les grands talents inſpirent à la médiocrité ou à l'ignorance en pouvoir.

Si un Monarque bien intentionné ne peut entrer lui-même dans tous les détails de l'adminiſtration, il peut au moins éclairer la conduite de ceux à qui il les confie. Dès que la voix du Peuple pourra ſe faire entendre, elle ne tardera guere à faire connoître à ſon Roi ſi ſa confiance eſt bien ou mal placée. Sous un Prince équitable les Miniſtres ne peuvent pas long-temps abuſer de leur pouvoir; ils ne tyranniſeront impunément que ſous un maître incapable & ſous un Gouvernement arbitraire, où la Nation aſſervie & réduite au ſilence eſt forcée de recevoir ſans murmure les jougs multipliés qu'on voudra lui impoſer; alors obligée de ſe taire, de ſe diſſimuler à elle-même les malheurs qu'elle éprouve, elle détourne ſes regards de la ruine qui la menace; elle voit avec indifférence des excès ſans remedes.

Dans un Etat rien ne peut ſuppléer à la vigilance du Maître; ſes miniſtres ſont des hommes que le pouvoir met à portée de donner un libre cours à toutes leurs paſſions; celle de conſerver leur puiſſance eſt la plus forte dans ceux qui parviennent à ce rang. Pour peu que le Prince trop confiant ou trop foible ceſſe de veiller ſur la conduite des dépoſitaires de l'Autorité, le bonheur dé l'Etat eft bientôt facrifié à leurs intérêts particuliers , & fa Cour devient l'arene où leurs paffions difcordantes fe livreront des combats, dont la Nation eft toujours la victime. Au milieu de ces diffentions le bien public eft négligé ; l'Etat devient le jouet de quelques intrigants ambitieux qui tour-à-tour s'arrachent le pouvoir & ne s'occupent qu'à s'entre-détruire. Ces excès , que le Monarque feul peut réprimer , deviennent fans remedes , lorfqu'il eft incapable ou gouverné.

QUELQU'AMOUR qu'un Monarque ait pour fes Peuples, ils feront malheureux, s'il ceffe de les gouverner lui-même : comment connoîtroit-il leurs maux , fi des Miniftres perfides les lui déguifent , & lui cachent l'abyme dans lequel leur noirceur, leur imprudence, leur folie font prêtes à le précipiter? Plus les Monarques font foibles, plus leurs Miniftres font puiffants. Sous de tels maîtres , les Peuples font fouvent plus malheureux que fous un Tyran décidé. Les vices de celui-ci s'étendent rarement au-delà de la fphere qui l'environne ; les Courtifans qui l'entourent , les Favoris & les Miniftres qui l'approchent, font communément les feules victimes d'une méchanceté qu'ils ont nourrie. Sous un Monarque fans vigueur la Tyrannie fe multiplie , & la Nation finit par devenir la proie d'un tas d'hommes intéreffés au défordre. Les Rois les plus humains deviennent des oppreffeurs, lorfqu'ils fouffrent que leurs Miniftres oppriment. Les peuples ne font-ils pas en droit de détefter comme des Tyrans, ceux qui ne daignent point remédier à la tyrannie ? Des Miniftres pervers

brisent les liens qui unissent les Sujets à leurs Maîtres. Les Monarques sont responsables des excès de ceux qui gouvernent en leur nom. ,, Les Mi-
,, niftres, disoit un Roi de Perse, sont les mains
,, des Rois; les hommes ne jugent que par eux
,, du Souverain qui les gouverne. Il faut qu'un
,, Roi ait les yeux incessamment ouverts sur leur
,, conduite; en vain rejetteroit-il ses fautes sur
,, eux au jour où les Peuples se souleveront con-
,, tre lui, il ressembleroit alors à un assassin, qui
,, s'excuseroit devant ses juges, en disant que ce
,, n'est point lui, mais son épée qui a commis le
,, crime ,,.

La fermeté & la vigilance du Monarque peuvent donc seules contenir les passions de ses Mi-
nistres. Il doit les empêcher de perdre de vue les intérêts de ses Peuples; il doit étouffer leurs cabales & leurs intrigues : leurs menées sont inutiles sous le Prince qui regne par lui-même. Est-ce pour être gouvernées par quelques Sujets convertis en tyrans, que les Nations ont consenti à remettre leurs destinées entre les mains d'un seul homme? En se soumettant au Pouvoir Monarchique, les Peuples ont-ils voulu vivre sous une Oligarchie dangereuse? Les Rois eux-mêmes auroient-ils le dessein de confier leur autorité à des Citoyens capables d'aliéner d'eux les cœurs de leurs Sujets, de les rendre odieux à leurs Peuples, d'imprimer sur leurs fronts le signe de l'infamie aux yeux de la postérité? Un Prince pourroit-il consentir que les trésors, les graces & les distinctions de la Société ne servissent à récompenser que les bassesses de gens dont le mérite unique est de plaire à quelques-uns de ses esclaves?

Si des Monarques abfolus regardent leurs Etats comme leur patrimoine, qu'ils veillent au moins à ce que leurs biens ne foient point livrés au pillage. Dès que le Souverain fe montre infenfible au bien-être de fon Etat, fes Miniftres bientôt négligeront de s'en occuper ; peu jaloux de l'opinion des autres hommes, ils ne fongeront qu'aux plaifirs, à la diffipation, à leurs propres affaires. Qu'importe que l'Etat périffe, pourvu qu'ils fachent profiter de fes dépouilles. L'indifférence du maître rend tous fes Miniftres indifférents. Uniquement occupés du moment, ils refuferont de porter leurs regards fur l'avenir. Ainfi bientôt tout tombera dans la décadence. L'honneur eft l'unique mobile du Miniftre ; ceffe-t-il de craindre l'opinion publique ? eft-il infenfible à la gloire ? eft-il dépourvu de juftice & d'humanité ? Eh bien ; il deviendra un Tyran fans pudeur. Dès que le reffort de l'honneur eft amorti dans fon cœur, il ne lui refte plus qu'une crainte fervile. Sous un Prince incapable, le Miniftre n'a que fes pareils à craindre ; tout Souverain peu foigneux de fa gloire n'eft fervi que par des intrigants qui facrifient & le Souverain & le Peuple à l'intérêt du moment.

§. XXX. *Devoirs & Fonctions des Miniftres.*

Quelque foit la forme du Gouvernement, les Miniftres appartiennent bien plus à la Nation qu'à fon Chef. Ils ne peuvent avoir de fonctions plus fublimes que celle de médiateurs & d'interprêtes entre les Peuples & les Souverains. Ils feront connoître leurs befoins au Monarque qui ne peut étendre fes regards fur toutes les parties d'un grand Empire : ils lui porteront les vœux de ſes Sujets, qu'une diſtance trop grande peut les empêcher d'entendre. Les Rois doivent être affligés, lorſque leurs Peuples ſont malheureux ; ils ſont faits pour trembler, lorſqu'ils ſont opprimés. Loin de leur déguiſer les plaies de leurs Etats ; loin de les endormir dans une ſécurité fatale que la ruine ſuit communément, des Miniſtres fideles leur parleront avec courage ; ils les allarmeront, s'il le faut ; ils exciteront leurs remords. Le Miniſtre ceſſeroit-il d'être Citoyen pour devenir eſclave? N'eſt-il plus intéreſſé à la félicité publique, à la liberté de ſon pays ? N'a-t-il pas à craindre les revers & les fureurs d'un maître qu'il auroit rendu deſpotique? Un Miniſtre qui travaille à faire un Tyran du Souverain, ne tarde pas à être puni lui-même par un ingrat qui ne ſuit que ſes paſſions ou celles qu'on lui ſuggere.

Plus à portée que ſon maître de connoître les hommes & leurs talents, d'entendre la voix Publique, de voir les beſoins des Peuples, le Miniſtre fidele préſentera aux pieds du trône l'innocence opprimée, la vertu négligée, le mérite toujours modeſte & timide. En un mot, il ſtipulera pour les Peuples ; il ſoutiendra leurs Loix, il défendra leur Liberté. De tels Miniſtres occuperont dans les cœurs de leurs Concitoyens, un rang bien plus diſtingué, que celui que la faveur peut donner & ravir. Un Miniſtre ne ſtipule-t-il pas ſes propres intérêts, quand il prend en main la cauſe de ſa Nation?

§. XXXI. *Corruption des Cours.*

GRANDE & libre dans ses domaines, la Noblesse s'avilit & s'asservit communément à la Cour. Si le trône est la source de son lustre idéal, il devient bientôt pour elle l'instrument de la corruption & de la servitude réelle. Le Noble attiré près du Monarque par sa vanité, par l'espérance des plaisirs, du crédit, de la faveur, quitte le paisible héritage de ses peres où il pouvoit faire du bien, se faire aimer, considérer, respecter, pour se faire mépriser; bientôt, à l'exemple de la foule qui l'entoure, il se plonge dans l'oisiveté, dans le luxe, dans la dépense; de libre qu'il étoit, il tombe dans la dépendance; ses richesses une fois épuisées, le besoin des plaisirs couteux devenus nécessaires à son imagination enivrée, & surtout les besoins insatiables de sa vanité l'enchaînent aux pieds du Despote, qui parvient à lui persuader qu'il est honorable de dépendre & de ramper. Le comble de l'avilissement est de se glorifier de ses fers.

LA Politique du Despotisme fut toujours d'inspirer de la vanité aux Grands, de les exciter à se ruiner, afin d'en faire des mendians. Il est aisé de dompter & d'asservir des hommes qui sont dans le besoin. Comment trouver de la grandeur d'ame, de la force, de la vertu dans des hommes ruinés, endettés & qui craignent la misere? Il faut consentir à ramper devant les distributeurs des graces; il faut pour la fortune renoncer à la vertu. Les Princes qui voulurent exercer un pouvoir absolu furent, par des préférences, par des distinctions souvent frivoles ou peu couteufes, & même par des bienfaits réels, aiguillonner la vanité, l'émulation, la jaloufie de ceux qui les entouroient. Un Defpote ne voit qu'avec peine, des Grands qui ne demandent rien, il veut que tout dépende ; l'intérêt met dans fes fers, ceux que la terreur n'avoit point fubjugués : toujours inquiet & foupçonneux, il veut avoir fous les yeux des ôtages qui lui répondent de leur propre dévouement. D'ailleurs il prétend que tout ce qui l'approche devienne plus facré, plus refpectable pour fes Peuples. Il préfere fouvent le vil Eunuque qui lui rend les fervices les plus bas, au guerrier courageux qui commande fes armées.

Si l'intérêt eft le Dieu des Courtifans, la jaloufie eft leur bourreau : la faveur du Prince eft pour eux une vraie pomme de difcorde qui devient le prix de la rufe. Delà ces intrigues éternelles ; delà ces complots perfides pour écarter ceux que la confiance du Monarque femble diftinguer des autres : delà ces calomnies, ces trahifons, ces trames pour anéantir les hommes que fon choix veut élever, ou pour détruire ceux auxquels il a confié fon pouvoir. Ce font ces menées redoutables qui effraient & ébranlent fouvent la probité des Miniftres : elles ont lieu furtout fous ces Monarques incapables de juger par eux-mêmes, ou trop indolents pour chercher la vérité; ceux-ci ne prêtent que trop fouvent l'oreille à l'impofture, & détruifent fans examen les objets que pourfuit l'envie, la vengeance & l'artifice. Des hommes qu'un vil intérêt guide font ordinairement ligués contre le mérite, & s'efforcent de lui arracher le pouvoir.

Le Courtiſan accoutumé à l'oiſiveté, au déſordre, à l'intrigue, craint la vigilance, le retour de l'ordre & les regards pénétrants de la ſageſſe; le mérite revêtu du pouvoir lui fait toujours ombrage; ſemblable à ces ſerviteurs qui tirent tout le fruit des déréglements, des profuſions, & des vices de leurs Maîtres, rien ne lui paroît plus redoutable que l'intégrité d'un Miniſtre qui chercheroit à rétablir l'économie & la regle, ou qui conſulte l'équité dans la diſtribution des graces.

CEPENDANT le Courtiſan eſt un Protée! ſa ſoupleſſe lui fait prendre ſans peine toutes les formes qu'il plaît au ſouverain de lui donner. Il ne tiendroit qu'au Prince d'en faire même un Citoyen. Si les regards du Maître ne montroient au crime que de l'indignation & de la ſévérité, le Courtiſan affecteroit au moins des vertus; ſi ſes yeux marquoient de l'averſion & du mépris à l'ignorance, à la frivolité, au vice, le Courtiſan chercheroit à s'inſtruire & affecteroit la probité. Un Prince peut à ſon gré & d'un clin d'œil changer la face de ſa cour; elle ne peut être corrompue ſous un Monarque vertueux.

CE n'eſt que ſous des Princes fainéants, que les Courtiſans & les mauvais Miniſtres exercent en liberté leurs cabales, & leurs méchancetés. C'eſt alors que les Nations & les Souverains deviennent la proie de ces hommes pervers également dangereux pour le Maître qu'ils corrompent, & pour les Peuples qu'ils oppriment.

TELS ſont pour l'ordinaire ces hommes révé-

rés des Peuples, objets de l'envie de la Nobleſſe,
de la faveur des Rois, des ſoupçons & des
craintes de leurs ſemblables. Tels ſont ces mortels
que l'on appelle *Grands*, & qui ne s'élevent qu'à
force de ramper; qui ne travaillent au Deſpotiſme du maître, que pour exercer impunément leurs
propres paſſions; qui ne font un Dieu du Souverain, que pour écraſer ſes Sujets. Telles ſont ces
ames endurcies qui, du faîte de la grandeur, du
ſein de l'abondance & du luxe, inſultent aux pleurs
des Nations dont ils partagent les dépouilles, &
laiſſent à peine tomber leurs regards ſur l'indigence laborieuſe qui nourrit leur vanité. C'eſt
pour récompenſer leurs vices & leur inutilité, que
les Rois, toujours pauvres au ſein même de l'o-
pulence, prodiguent les tréſors des Nations; celles-ci travaillent ſans relâche pour réchauffer dans
leur ſein des ſerpents qui les rongent ſans pitié.
Les Courtiſans & les Grands regardent toujours
la Nation comme un pays conquis dont le pillage
leur appartient.

Voila les ſervices importants que le Courtiſan rend à la Société dont il eſt membre; il ſe
perſuade qu'elle ne peut payer trop chérement ſon
aſſiduité auprès d'un maître qu'il s'efforce d'aveu-
gler & de pervertir. Mais ſouvent le coloſſe qu'il
a trop élevé retombe ſur ſa tête. Jouet perpétuel
de l'inconſtance & de l'intrigue, il eſt ſouvent
écraſé par l'idole qu'il encenſe. Chez ces Deſpotes que la flatterie égale aux Dieux, les Miniſtres
& les Grands diſparoiſſent à chaque inſtant & ſont
précipités dans la pouſſiere; ils ſont à leur tour
les victimes de la Tyrannie qu'ils ont alimentée.
Plongé dans la diſgrace, le Courtiſan s'apperçoit

trop tard que la liberté publique qu'il a contribué à détruire, étoit un rempart qui eût pu le garantir lui-même. Si les Courtisans n'étoient des lâches, les Peuples feroient libres & l'on ne verroit point de Tyrans.

§. XXXII. *De la Magiftrature.*

Tout Souverain doit la juftice à fes Sujets, foit par lui-même, foit par l'organe de ceux qui la rendent pour lui, au nom de la Société dont il tient fon pouvoir. Dans toutes les Sociétés, les Magiftrats forment un ordre de Citoyens que l'utilité de leurs fonctions doit diftinguer. On appelle *Magiftrats* ceux qui dans chaque Gouvernement font chargés de juger leurs Concitoyens, de veiller à l'obfervation des Loix, en un mot, de maintenir l'ordre & la tranquillité. Les Souverains, fur-tout dans les grandes Sociétés, ne pouvant par eux-mêmes rendre la juftice à tous leurs Sujets, font obligés de confier une portion de leur pouvoir à quelques Citoyens plus éclairés & plus inftruits que les autres, qui, devenus les organes des Loix, décident leurs différends, affurent leurs perfonnes & leurs biens, répriment la violence, font exécuter les volontés publiques, & infligent aux infracteurs des Loix les châtiments qu'ils méritent. Ainfi dans chaque Etat, l'Autorité du Magiftrat eft une émanation de l'Autorité Souveraine, qui repréfente celle de la Société. De même que le Souverain n'a point le droit de faire des Loix injuftes, & ne peut qu'étendre, appliquer & interpréter les Loix de la Nature, les Magiftrats, fimples exécuteurs des volontés publiques, ne

peuvent qu'appliquer les Loix établies aux circonſtances particulieres : ils n'ont aucunement le
droit de les interprêter d'une façon arbitraire.
Ils n'ont pas celui de faire des Loix ; ils n'exercent point le pouvoir légiſlatif, ils ne ſont que
chargés d'une portion de la puiſſance exécutrice,
déterminée ſoit par l'uſage, ſoit par des regles
expreſſes, ſoit par la droite raiſon, & l'intérêt
de l'Etat.

Des fonctions ſi nobles exigent de ceux qui
les exercent des connoiſſances profondes, une
raiſon exempte de paſſions, une équité impartiale. Une Société fort étendue, renfermant un
grand nombre d'individus, ſes mouvements deviennent plus compliqués, & les circonſtances
des Citoyens doivent varier à l'infini. Cette
variété exigeroit, pour ainſi dire, une loi nouvelle pour chaque circonſtance particuliere ; c'eſt
pour remédier à cet inconvénient, que les Magiſtrats reçoivent de l'Autorité Publique, la faculté d'expliquer la Loi & de l'appliquer d'après
des maximes raiſonnables fondées ſur l'utilité générale.

La méditation, la juſteſſe de l'eſprit, & ſur-
tout la droiture du cœur peuvent ſeules faire un
Miniſtre des Loix. L'homme frivole ou vicieux
ne ſera jamais un Magiſtrat integre. Il faut de
la pénétration & de la réflexion pour percer les
voiles dont les paſſions des hommes cherchent
à s'envelopper ; la connoiſſance du cœur humain
& des droits naturels à l'homme eſt indiſpenſable
pour un juge ; étude longue & ſouvent trop
négligée par ceux qui jugent les hommes ! Il n'y

a que la probité éclairée par l'expérience qui puiſſe indiquer la juſte maniere d'appliquer les regles qui, ſous les Gouvernements les plus ſages, ne peuvent être que générales & vagues. Si la Légiſlation n'eſt faite que pour appliquer les Loix de notre nature, il eſt important de connoître ces Loix primitives qui découlent de la nature de l'homme.

Sous un Gouvernement équitable, les Magiſtrats ſoumis à des Loix uniformes, à des regles conſtantes, à des formes invariables, exercent, ſans obſtacles, leurs utiles fonctions. Citoyens eux-mêmes, ils connoiſſent les vœux des Citoyens ; à portée de voir de près les beſoins des Peuples, au défaut des Repréſentants de la Nation, c'eſt dans leur bouche qu'un Souverain vertueux cherchera la vérité toujours méconnue ou déguiſée par des Miniſtres ambitieux, par des Courtiſans flatteurs, par des Grands qui trop ſouvent ſe mettent au-deſſus des Loix. Quand même les Loix fondamentales de la Société n'auroient point lié les mains du Monarque, par prudence il conſultera des Citoyens expérimentés qui peuvent lui faire connoître les inconvéniens réſultants ſouvent des démarches même dictées par les intentions les plus pures. Dans les pays où la volonté expreſſe de la Société ne s'eſt point réſervé une portion du Pouvoir Souverain, & où la Nation ne s'eſt point fait repréſenter par un Corps permanent, la Magiſtrature, jouiſſant de la confiance des Peuples, eſt inſtruite de leurs beſoins & des abus dont ils ſouffrent. Elle devient, tout naturellement & d'elle-même un rempart, toujours néceſſaire entre l'Autorité Suprême & la liberté des Sujets. Les Peuples prennent des idées favorables de ceux qui font chargés de leur rendre la juftice; ils efperent trouver en eux plus d'équité que dans le Souverain, dans fes Miniftres, fes Favoris dont trop fouvent ils n'éprouvent que les violences : la voix du Magiftrat eft alors le feul moyen qui refte au Monarque pour connoître le vœu de fa Nation, qu'il ne peut jamais étouffer fans crime & fans danger.

Ainsi dans tout Gouvernement, le Magiftrat doit occuper un rang honorable & diftingué; il doit être refpecté par fes Concitoyens qui en éprouvent l'utilité; il mérite les égards du Souverain qui fe refpecte lui-même dans la perfonne des Magiftrats qui parlent en fon nom & en celui de la Société. Mais ce n'eft point à la place que cette diftinction eft due. L'eftime & les récompenfes ne peuvent appartenir qu'à ceux qui fervent la Nation. Un attachement inviolable à la juftice, une connoiffance profonde des Loix, une vigilance continuelle, un amour inaltérable du bien public font les qualités en échange defquelles les Peuples font convenus d'accorder leur vénération & leur tendreffe à ceux que leurs fonctions élevent au - deffus d'eux. Ce feroit une vanité puérile que de prétendre aux prérogatives d'un Etat, quand on en eft indigne, ou quand on néglige d'en remplir les devoirs. Pour être refpectable, il faut que le Magiftrat fe refpecte lui-même. Comment confervera-t-il les mœurs publiques, fi les fiennes font dépravées? De quel front punira-t-il, au nom de la Société, des excès dont il eft complice lui-même ? Aura-t-il le courage de décider de la vie des biens, de la félicité de ces Concitoyens, lorsque la dissipation aura rempli des moments qu'il devoit à l'étude & à l'examen férieux de leurs droits ? Comment fera-t-il jufte, lorfque rampant fous le crédit, la faveur dictera fes arrêts ? Parlera-t-il au nom des Peuples, lorfqu'il ignorera les befoins, les defirs & les droits de la Société ?

Sous le Defpotifme, les Magiftrats foumis aux caprices d'une volonté changeante & corrompue ; ne peuvent fuivre de regles ni de formes certaines : des Loix verfatiles & paffageres ne demandent pour être exécutées, que des efclaves aveugles, ignorants, complaifants. Il n'eft befoin, ni de lumieres, ni de talents pour être les inftruments de la Tyrannie. L'Etude des Loix eft fuperflue dans un pays où la fantaifie foutenue de la force eft la feule Loi que l'on connoiffe, où la faveur eft le feul objet de tous les vœux, où la terreur réduit toutes les bouches au filence. Plus les Peuples font libres, plus les Magiftrats font refpectés des Sujets & confidérés des Souverains. Sous un maître abfolu, tous les efclaves font égaux ; s'il en diftingue quelques-uns, ce font uniquement ceux qui appuient fon pouvoir : les Loix lui déplaifent, ainfi que les hommes qui en font les organes : les forces qui mettent une digue au torrent de fes volontés, lui paroiffent incommodes ; une juftice auftere eft odieufe à fes Miniftres & à fes Courtifans. Le Defpotifme veut felon fa fantaifie créer le jufte & l'injufte, élever & détruire, fauver fes Favoris coupables & perdre fes ennemis innocents : il n'eft

content,

content, que lorsqu'il a renversé & les loix , & les formes, & les autels de la justice ; il ne voit pas dans sa folie, qu'il s'expose lui-même aux attentats les plus terribles, & que les ruines du temple de l'équité écrasent en même tems , & le Tyran , & ses esclaves.

§. XXXIII. *Des Ministres de la Religion.*

Il est encore parmi les Sujets d'un Etat un ordre d'hommes qui par le rang qu'il occupe , par l'opinion des Peuples, & par ses prétentions, mérite toute l'attention du Gouvernement, c'est le *Clergé.* Cet ordre qui fait descendre du ciel ses prérogatives & ses droits, a souvent commandé aux Souverains mêmes & décidé du sort des Nations.

Il fut des tems où les Rois opposerent le Sacerdoce à la puissance exorbitante des Guerriers , des Grands & des Nobles devenus trop formidables à l'Autorité Souveraine. Ce fut cette Politique , autant que la dévotion des Princes , qui augmenta les droits , les revenus & la puissance des Prêtres. Les guides spirituels des Peuples devinrent des feudataires , & même des Souverains temporels ; ils occuperent sans dispute le premier rang parmi des Citoyens avec lesquels leur orgueil ne leur permit pas de se confondre. Dans quelques pays , ils eurent des Soldats , & souvent ils exercerent des jurisdictions, des fonctions & des droits incompatibles avec leur institution primitive. Destinés par état à la paix, à l'instruction , ils devinrent guerriers ; voués à la pauvreté, ils nagerent dans l'opulence ; faits pour ne s'occuper que du ciel, ils fe mêlerent fans ceffe des affaires de ce monde. En un mot, ils préfenterent à la terre le fpectacle étonnant d'une foule de Princes qui fe donnerent pour les fucceffeurs d'hommes pauvres par principes & ennemis des richeffes. Que dis-je ? Enorgueillis de leur pouvoir ils l'étendirent fur les Rois mêmes, & pendant une longue fuite de fiecles ils troublerent impunément des Nations aveuglément foumifes à leurs décifions impérieufes.

Nous n'examinerons point ici l'authenticité des titres, ni les fondements des prétentions des Miniftres du ciel ; nous nous contenterons d'obferver que fur la terre tous les membres d'une Société en font néceffairement les Sujets, que tous doivent être également foumis à l'Autorité & aux Loix, qui font l'expreffion des volontés publiques : que tous doivent concourir proportionnellement aux avantages dont ils jouiffent, au bien-être, au foutien, à la profpérité de l'Etat dont ils reffentent les bienfaits : tous doivent confentir à partager les calamités ainfi que le bonheur qu'il éprouve. On eft homme avant d'être Religieux, on eft Citoyen avant d'être Prêtre. Nulle Loi du ciel ne peut autorifer des Citoyens à fe fouftraire à des Loix faites pour tous, à fe féparer des intérêts d'une Société qui protege, qui fournit la fubfiftance, qui procure la fûreté, l'abondance, les honneurs.

Des qu'une Nation croit un culte ou des opinions néceffaires à fon bonheur, elle veut, fans doute, que les hommes chargés d'en remplir les fonctions & d'annoncer ses dogmes soient payés de leurs services ; le salaire & les récompenses se proportionnent aux besoins que l'on croit en avoir, ou à l'idée que l'on se forme des avantages que procurent les Ministres de la Religion, en un mot, à la vénération que les Peuples ont pour eux. Plus les hommes sont grossiers, & plus ils sont superstitieux ; plus le Dieu est terrible, plus ses Ministres sont honorés. L'expérience de tous les tems nous prouve que ce fut toujours dans les Sociétés les moins éclairées que les Prêtres eurent le plus d'ascendant ; c'est toujours en raison de leur ignorance, que les hommes ont accumulé sur les membres du Clergé les richesses, les bienfaits, les honneurs. L'utilité de ces hommes sacrés n'est fondée que sur les opinions, sur les craintes des Nations. Les idées des Peuples, sujettes à des variations, ont fait varier le sort des Ministres des autels. Ainsi les Sociétés politiques, ou les dépositaires de leur pouvoir furent toujours en droit de proportionner les récompenses & les bienfaits aux idées de la Nation ; c'est-à-dire aux besoins qu'elle en eut, ou qu'elle crut en avoir. Une Nation n'eut dessein d'encourager, ou de recompenser l'oisiveté, que lorsqu'elle s'imagina que cette oisiveté lui étoit profitable. Quand revenue de ses préjugés, elle s'apperçoit qu'elle s'est trompée, quand ouvrant les yeux elle renonce aux opinions qui avoient séduit ses peres, qui peut douter qu'elle n'ait le droit de retirer ses bienfaits, de réclamer contre l'ouvrage de la séduction, en un mot, de revenir sur les démarches imprudentes dont elle sent les inconvénients ? La raison ne permet donc pas de douter que la

Société, ou l'Autorité qui la repréſente, n'aient le droit de diſpoſer des poſſeſſions du Clergé de la maniere la plus utile pour les Peuples & la plus conforme à leur façon de penſer, & à leurs beſoins actuels. Ces biens n'ont été donnés que ſous des conditions & par des motifs ſujets à diſparoître ; alors nulle preſcription ne peut en aſſûrer la poſſeſſion à ceux qui en abuſent, en devenant inutiles ou nuiſibles à l'Etat; la Nation rentre alors dans ſes droits ; elle peut reprendre des biens que le délire ſeul lui a fait aliéner.

Il n'eſt pas moins évident que l'Autorité Suprême a droit de commander indiſtinctement à tous les Citoyens, de réprimer leurs excès, de les punir ſuivant les Loix : il eſt contre l'eſſence de la Société de permettre à quelques-uns de ſes membres de lui nuire & de la déchirer impunément ; elle ſeroit dans le délire, ſi elle réchauffoit dans ſon ſein des enfants ingrats qui, contents de ſe nourrir de ſa ſubſiſtance, refuſeroient de la ſecourir elle-même dans ſes beſoins.

Dans preſque toutes les Nations Européennes, le Sacerdoce forme, dans le ſein de l'Etat, un corps ſéparé de l'Etat qui refuſe d'en dépendre, qui ſuit des Loix différentes de celles qui commandent au reſte des Citoyens, qui préfere l'autorité d'un Chef de ſon ordre à celles des Souverains & des Nations, enfin dont la Légiſlation & les maximes ſont ſouvent en contradiction avec celles de la Société. Des exemples ſans nombre ont de tout tems prouvé les inconvéniens réſultants de l'eſprit de ce corps inſociable ; mais le préjugé victorieux ferme ſouvent les yeux des Souverains & des Peuples fur leurs intérêts les plus vrais ; ils fe croiroient impies & facrileges s'ils touchoient à la perfonne ou aux poffeffions d'un ordre d'hommes inutiles que l'oifiveté rend fouvent vicieux, que l'opulence enorgueillit & que l'impunité rend téméraires. L'Etat doit être maître du Clergé ; le Clergé ne doit jamais être le maître de l'Etat.

Si ces maximes paroiffent révoltantes à ces hommes hautains dont les droits n'ont que la crédulité pour bafe, dont le préjugé feul fait récompenfer l'oifiveté, on leur dira que la faine Politique ne foufcrit point à leurs prétentions faftueufes ; que les Peuples guéris de leurs erreurs font en droit de payer moins chérement les prétendus fervices que leurs Prêtres leur rendent. S'ils refufoient de reconnoître les droits de la Société dont ils reçoivent les bienfaits, ne feroit-elle pas en droit de les renvoyer pour leur fubfiftance à ces Dieux dont ils difent que leurs droits font émanés ? Comment devroit-elle fes récompenfes ou fon eftime à des parafites qui ne s'attachent à l'Etat que pour le dévorer & le troubler ?

Quel découragement pour tous les Citoyens utiles & pour les cultivateurs laborieux que de voir des effaims de cénobites & de moines pareffeux, fans aucun travail avantageux pour les Nations, fe nourrir du miel préparé par leurs Concitoyens, & fondés fur des Droits ufurpés par l'impofture, les foumettre à des impôts onéreux ! Le laboureur ira-t-il défricher des terres incultes pour s'impofer la néceffité de payer le produit le plus clair à des hommes avides qui ne font rien ni pour l'Etat ni pour lui?

Quelque rang qu'occupe le Sujet, s'il veut être réputé Citoyen, il doit obéir à l'autorité de l'Etat, & lui procurer des avantages, il ne mérite des diftinctions qu'autant qu'il fert la Société. Le rang, la confidération, les privileges, les richeffes, font des récompenfes que les Nations ne peuvent fans folie accorder que pour leur bien ; les diftinctions font des abus, dès qu'elles font ravies aux fervices, aux talents, & données au hazard, à la brigue, au préjugé. Une Nation eft la victime de l'erreur, dès qu'elle confidere des hommes ou des corps qui ne lui font d'aucune utilité. Le Souverain en eft, fans doute, le Citoyen le plus refpectable, lorfqu'il lui procure le plus de bonheur. Le Cultivateur, l'Artifan, le Commerçant, l'homme de lettres, lui feront chers, lorfqu'ils travailleront à fon bien-être. Le Miniftre, le Guerrier, le Noble, le Repréfentant en feront confidérés, lorfqu'ils veilleront à fa fûreté. Elle refpectera fes Magiftrats, parce que leurs fonctions lui feront toujours avantageufes ; elle ne confidérera & n'enrichira fes Prêtres, qu'autant que fes préjugés les lui rendront néceffaires.

Le regne de l'opinion ne peut durer, qu'autant que les hommes feront ignorants ; dès qu'ils feront plus raifonnables ils abandonneront leurs chimeres. Dans l'enfance des Sociétés, des Peuples crédules ont befoin de fables, & de merveilles, & font le plus grand cas de ceux qui les débitent ; mais peu-à peu ces puérilités difparoiffent pour faire place à des objets plus importans. Des Princes fans lumieres & fans vertus ont cru trouver une très-grande utilité dans les opinions reli-

gieuſes, parce qu'ils les jugeoient propres à fortifier leur pouvoir dans l'eſprit de leurs Sujets:
des Souverains plus ſages & plus équitables ſau-
ront que le menſonge n'eſt bon à rien ; ils verront que de bonnes loix, des bienfaits réels,
une adminiſtration vigilante les feront régner plus
ſûrement ſur des hommes que toutes les rêveries
& les hypotheſes de la Superſtition. Le Sacerdoce, qui mille fois a troublé le repos des Empires, n'eſt utile qu'aux Tyrans qu'il couvre de
l'Egide de la Divinité : il eſt inutile aux bons
Princes qui n'ont rien à redouter : il eſt inutile
à tous les Citoyens raiſonnables qui trouvent dans
la raiſon un guide bien plus fidele que dans les
doctrines obſcures, les myſteres & les énigmes
des Prêtres. Un Trône fondé ſur les autels peut
être inceſſamment ébranlé par les Miniſtres des
autels ; un Trône établi ſur la juſtice, ſur la
bonté, ſur l'affection des Peuples ne peut point
être ébranlé.

Le Souverain & les Sujets ont les mêmes intérêts qui jamais, ſans péril pour le corps politique,
ne peuvent ſe diviſer. Le bonheur d'un Etat
& ſa vigueur dépendent de l'accord & de l'harmonie du chef & de ſes membres. Le Prince
ne peut être heureux & puiſſant qu'à la tête d'un
Peuple content. Les Sujets ne peuvent obtenir
le bonheur, qu'en réuniſſant de bonne foi tous
leurs efforts pour ſe procurer les biens qu'ils dé-
ſirent, ou pour repouſſer les dangers qu'ils ont
à craindre. Cependant par un effet de l'ignorance des principes les plus clairs de la Politique,
on voit preſqu'en tout Pays les Souverains faire
bande à part & ſe faire des intérêts totalement

contraires à ceux des Peuples qu'ils gouvernent. Delà réfultent tous les maux du Defpotifme & de la Tyrannie, qui finiffent tôt ou tard par enfevelir & les Souverains & les Sujets fous les ruines de l'Etat. La plupart des Sociétés nous montrent des corps monftrueux dont les chefs & les membres ne tiennent point les uns aux autres, ou ne s'accordent dans aucuns de leurs mouvements. Les Princes femblent former le projet impraticable de fe rendre heureux tout feuls en rendant leurs Sujets malheureux : ceux-ci divifés en des claffes diverfes qui fe haïffent, fe méprifent ou s'envient réciproquement, ne travaillent point de concert & n'offrent aucune réfiftance aux coups de la Tyrannie. Chaque claffe de Citoyens fait un corps à part dont les membres font continuellement en difcorde. La Nobleffe orgueilleufe rougiroit de faire caufe commune avec le Peuple qu'elle dédaigne. Le Guerrier, ligué avec le Prince, ne croit avoir aucun lien qui l'attache à fes Concitoyens. Le Clergé détaché de ce monde, c'eft-à-dire des nœuds de la Société, ne fonge qu'à maintenir fes droits ufurpés fur les Peuples & les Souverains. Par cette divifion funefte les Nations deviennent une proie facile pour le Defpotifme qui les dévore. Tout corps qui fépare fes intérêts de ceux de la Nation, fera tôt ou tard fubjugué. Tout Citoyen qui fe fépare de fes Concitoyens, mérite d'être un efclave.

FIN DU TOME PREMIER.

LA POLITIQUE NATURELLE.

TOME SECOND.

9 782329 306261